Mauvais esprit

Robert Laffont

Collection dirigée par Jean-Luc Barré

PATRICK BESSON

LES LÂCHES
ET LES AUTRES

Robert
Laffont

ISBN 978-2-221-21839-6
Dépôt légal : avril 2020

1

Les lâches

L'écrivain est un lâche. La preuve : il écrit. S'il était courageux, il vivrait. Par peur des coups du sort, il se met à l'écart. C'est un juge de touche : il court d'un bout à l'autre du terrain de foot sans pouvoir y pénétrer pour taper dans le ballon de la vie. Écrire et vivre sont des activités contradictoires, c'est pourquoi les gens qui vivent ne savent pas écrire. C'est le travail d'une vie. D'une vie de lâche.

L'écrivain, après s'être dérobé devant l'existence, s'aplatira devant le pouvoir. Quel qu'il soit. L'idéologie dominante domine d'abord les auteurs. Les exemples abondent. Pour un Victor Hugo qui abandonne son pays après le coup d'État du prince Louis-Napoléon, futur Napoléon III, combien de romantiques sont restés en France afin d'aller dîner à Compiègne ou à Saint-Cloud dans les jupes de la princesse bonapartiste Mathilde ? Sur les barricades de la Commune, peu d'écrivains. La plupart d'entre eux ont passé le temps des cerises à la campagne, où ils en ont mangé, des cerises. Dans la Collaboration, davantage d'écrivains que dans la Résistance, où ils n'ont, du reste, pas fait grand-chose. Les trains de la Wehrmacht n'ont pas été dynamités par Jean-Paul Sartre ou Roger Vailland mais par des hommes et des femmes qui n'avaient pas eu le temps de les lire, trop occupés qu'ils étaient à l'atelier, à l'usine ou aux champs.

L'URSS a été davantage vantée par les auteurs de l'Union des écrivains soviétiques que par les fonctionnaires du KGB. Du reste, les premiers étaient mieux payés : prix littéraires à gogo et tirages monstres. À une dizaine d'exceptions près, les écrivains russes ont, au XXe siècle, collaboré de bon appétit avec la dictature du prolétariat. Les écrivains allemands qui ont fui le nazisme étaient en danger de mort car ils étaient juifs ou communistes, mais la plupart des écrivains allemands non juifs et non communistes sont restés chez eux à se régaler du brouet hitlérien. Les écrivains américains ont été de gauche quand c'était la mode et ont cessé de l'être quand ça a été interdit. La palme de la lâcheté littéraire revient sans conteste aux Anglais, dont les figures majeures – Graham Greene, Anthony Burgess, Somerset Maugham, Christopher Isherwood, Lawrence Durrell – ont abandonné leur patrie par simple peur du mauvais temps. Je connais mal les cent cinquante ou cent soixante autres littératures nationales répertoriées à l'ONU mais j'imagine qu'elles comptent parmi elles, à l'instar de celles que nous venons d'examiner, une impressionnante quantité de froussards, de fourbes, d'opportunistes et de vendus.

D'où vient de ce que les écrivains jouissent, dans le monde entier, d'une réputation de courage intellectuel, voire physique, dont fort peu d'entre eux ont montré l'exemple et dont la plupart ont montré l'exemple du contraire ? Essayons d'élucider ce petit mystère. Les meilleurs écrivains étant ceux qui se sont opposés au pouvoir, car aucun pouvoir ne saurait convenir à un bon écrivain, ce sont eux qui passent à la postérité, alors que les autres tombent dans l'oubli. On a, du coup, l'impression que la littérature a été composée d'hommes courageux, alors qu'elle l'a été de lâches qui ont disparu. Et c'est tout.

2

Mission impossible

Les médias ont une mission impossible, quel que soit le régime politique : informer. En démocratie, le journaliste est aux ordres du capital. En dictature, à ceux du pouvoir. Quelques héros refuseront toujours d'obéir. Dans 95 % des cas, ils se retrouvent en prison. En démocratie, à Pôle emploi. Je préférais quand on disait ANPE. Le pôle, c'est froid, un peu comme le chômage. Et pourquoi accoler le mot « emploi » à un endroit où on va quand on n'en a pas ? Il n'y a pas de barreaux à Pôle emploi : difficile néanmoins d'en sortir. En dictature, les choses sont plus simples : la porte de la cellule est fermée à clé. Pour revoir le jour, il faut monter dans un hélicoptère qui survolera la mer et d'où on vous jettera sans parachute ni bouée. Le journalisme est un métier impossible, sauf si on décide de le faire mal. Ou alors on évite la rubrique politique : la seule surveillée par le propriétaire du journal ou le ministre de l'Information du dictateur – sans la lire car elle exprime soit les idées du propriétaire, soit celles du ministre. Les articles politiques : du gris que les lecteurs avalent sans sourciller car c'est celui qu'ils ont dans la tête. Les critiques gastronomiques sud-américains et nord-coréens ont un point commun : ils sont encore vivants. Il y a aussi la planque des pages culture mais c'est un territoire journalistique moins sécurisé : il ne s'agirait pas de dire du bien d'une œuvre opposée à l'idéologie dominante ou favorable à celles qui sont dominées. On vous tomberait dessus. À coups de textos en démocratie et à coups de matraque en dictature. L'idéal : la rubrique sport. Tout le monde aime le sport, même les salauds. C'est parce que tout le monde a eu une enfance. Un but n'est pas discutable et quand un arbitre se trompe, ce n'est pas politique. On en conclura que le journaliste est un martyr dont les minces consolations sont les notes de frais et les voyages gratuits. Critiquer les médias revient en quelque sorte à se moquer du Christ crucifié sur le mont Chauve. Les médias ne peuvent pas faire mieux car les journalistes ne peuvent pas faire grand-chose.

L'information ne leur étant pas autorisée, les médias recourent aux révélations, voire aux dénonciations. Un homme politique aurait l'obligation d'être irréprochable, on se demande pourquoi. Il ne devrait pas mentir, alors que c'est sa fonction. On attendrait d'un politicien, dans une société développée comme dans une société enveloppée, la rigueur d'une sœur tourière, lui qui vit dans le contraire d'un couvent : un bordel. Faute de pouvoir être perspicaces, les médias ont décidé d'être ombrageux. Qu'ils soient mal payés dans la presse écrite, bien payés à la radio ou inondés de pognon à la télé, les journalistes de gauche comme ceux de droite ont le même objectif : mettre au jour les abus financiers de la classe politique. Ne pouvant discuter des idées, ils inspectent les comptes bancaires. Rien qui fasse plus plaisir que les privilèges, ça a été même le nom d'une boîte de nuit quand j'étais ado et n'allais pas en boîte de nuit. Chacun se félicite des siens dont il se vante et est jaloux de ceux des autres dont il se plaint. L'hôtesse d'Air France qui voyage sans payer l'avion pendant ses congés reprochera au parlementaire de disposer à sa guise de fonds fournis par la loi comme le billet d'avion est offert à l'hôtesse par la compagnie aérienne. Dans un voyage de presse au Brésil ou au Kenya, payé par une grande marque de montres ou de vêtements, les journalistes passeront une bonne partie du séjour à s'indigner des cadeaux de montres et de vêtements faits à un ancien Premier ministre. Heureux dans leurs longues vacances scolaires qui sont le privilège du corps enseignant, les professeurs ne supportent pas les salaires des footballeurs de L1.

La campagne électorale de 2017 a ceci d'étrange : il s'y passe des choses. On est tellement habitués qu'il ne se passe rien aux élections. Une fois, c'est la gauche, une fois, c'est la droite. On fête le truc sur les Champs quand c'est la droite qui gagne, à la Bastille quand c'est la gauche. Au bout de six mois, tout le monde est déçu, tout le monde se plaint. Les médias craintifs et obéissants suivent le mouvement. Les journalistes sont sur les dents. Ont-ils été assez agressifs, indépendants? Cette agressivité de surface, cette indépendance de façade qui leur permettent de ne rien mettre en cause. Au printemps 2017, tout se casse, se détraque. Les favoris à la primaire sont battus, les gagnants des primaires aussi. Se détachent les trois candidats qui ont sauté la primaire, sont passés directement au secondaire. Trois surdoués du sexe politique : la blonde qui a baisé la droite, le trotskiste qui a baisé le PC, et le banquier qui a baisé le PS. Les médias n'ont eu aucune influence sur cette recomposition anarchique du paysage électoral : ils l'ont suivie comme ils ont pu, en en faisant trop, puisqu'ils ne faisaient rien. Ils ne créent pas l'événement : ils le suivent cahin-caha en boucle et en cohorte, comme des régiments de fourmis. Tout est important sur terre sauf les médias. Un jardinier a plus de pouvoir qu'un journaliste : il fait pousser une fleur. Ces poseurs de questions ne posent pas pour la postérité : des feuilles de calendrier chaque jour détachées. Ce qui arrive aujourd'hui en France n'a rien à voir avec l'information : c'est un lent mouvement du peuple et des élites qui, soudain, dévaleront la pente. Ou la remonteront. On sera vite renseignés. Par nous-mêmes.

3

Le calvaire des Goncourt

Edmond et Jules de Goncourt : deux frères peaux de vache s'aimaient d'amour tendre, comme les jumeaux – les bessons – de *La Petite Fadette*. On leur enlève tout le temps ce « de » pour lequel leur grand-père s'est tant battu, juste avant la Révolution. Comme si on ôtait le *d* apostrophe de d'Ormesson. La Pléiade de Ormesson, ça ne ferait pas joli. Dans mon inlassable campagne pour la justice commencée au PCF en 1985, je rends aujourd'hui leur « de » aux Goncourt et prie Bernard Pivot, le président de leur académie[1], de rebaptiser celle-ci académie de Goncourt, ainsi que le prix qui va avec et devrait en conséquence s'appeler désormais le prix de Goncourt.

Le journal des Goncourt – des de Goncourt – est unique dans son genre hybride : c'est la bande-son du XIXe siècle. Les Goncourt ont aussi inventé le

1. Ex (N.d.A.).

cinéma : celui que leur faisait Victor Hugo. Et Zola. Les deux plus grandes victimes de ces serial diaristes. Pour Flaubert, ils ont une tendresse vacharde qui exclut ses romans : tous, à leurs yeux, ratés. Maupassant en brute normande à grosses mains de marinier, Tourgueniev en goutteux efféminé et Daudet en best-seller usé par les compromissions et la syphilis : les Goncourt nous rappellent que tous les gens, tout le temps, disent du mal de tous les gens, en particulier de leurs parents et de leurs amis. Dans les quatre mille pages de l'œuvre, chacun en prend pour son grade, y compris le capitaine Dreyfus. Les frères n'aiment pas les Juifs, surtout ceux qui écrivent dans les journaux. Le chroniqueur juif Aurélien Scholl est la cible principale de ce pogrom de mots : mou, félon, corrompu, lâche, vantard, en un mot abject. Savent-ils, les lauréats du Goncourt, que l'éditeur accole à leur ouvrage couronné, toujours empreint de ce qu'on n'appelle plus le «politiquement correct» depuis qu'il a été balayé par toute une génération de vieux penseurs et publicistes de droite et d'extrême droite presque tous venus de la gauche et de l'extrême gauche, le nom de deux antisémites? Admirateurs d'Édouard Drumont (*La France juive*), les frères finiront par se fâcher avec lui car ils finissaient toujours par se fâcher, même avec les gens qui pensaient les mêmes saloperies qu'eux. «Les Juifs ne produisent rien, pas un épi de blé. Toujours commissionnaires, intermédiaires, entremetteurs. En Alsace, pas une vache n'est vendue, sans qu'entre la vache et le paysan, ne se lève du pavé un Juif qui tire de l'argent du marché» (30 mars 1862). Le 22 juillet 1891, Edmond, veuf de son frère depuis vingt et un ans, n'en démord pas : «La société juive a été funeste à Maupassant et à Bourget. Elle a fait de ces deux êtres intelligents, des gandins des lettres, avec toutes les petitesses de la race.» Mais, le vendredi 12 mai 1893, le Goncourt survivant parlera gentiment de sa chatte : «On a retiré à la chatte son petit. Au bout de ses recherches dans tous les coins de la maison, elle a, dans un accroupissement droit de ses pattes de devant, des immobilités de sphinx en pierre, et ses pauvres paupières battent comme de l'envie de pleurer.»

Edmond et Jules se vantent, une page sur deux, d'avoir été pillés, notamment par Zola et sa petite troupe de naturalistes qui se détacheront d'Émile quand il publiera, en 1887, son plus beau roman : *La Terre*. Mais le genre que les frères ont inventé et qui a eu un peu de succès de leur vivant et plus du tout après, personne ne le leur a pris, et pour cause, il était mauvais. En deux mots : misérabilisme précieux. Secrètement attirés par la canaille et sa fange, autrement dit le prolétariat dévoyé par la misère, le sexe et l'alcool, les Goncourt font du prolo perdu et de la bonne hystérique les héros de leurs romans gourmés aux titres impossibles (*Sœur Philomène*, *Renée Mauperin*, *Germinie Lacerteux*, *Manette Salomon*, etc.).

Courageusement, la collection Folio, département des éditions Gallimard qui ont souvent le prix Goncourt, ressort au compte-gouttes ces nanars du roman français de la fin du XIXe siècle. La presse de l'époque les accueillit avec froideur, en particulier la presse juive. Dans peuple élu, il y a « lu ». Quelle ironie que le plus grand prix littéraire de France et peut-être d'Europe ait pour origine deux médiocres romanciers antisémites d'extrême droite !

Rachetés par leur journal, les Goncourt le sont, bien que celui-ci ne soit plus guère lu, pas davantage par les lauréats du prix que par leurs acheteurs. C'est un festival de vacheries qui mollissent à mesure que l'un des auteurs vieillit, tandis que l'autre est mort. Presque tous les jugements sont erronés, comme les nôtres. Juger est impossible, c'est pour ça qu'il ne faut pas le faire. Le 9 janvier 1892 : « Maupassant, un très remarquable *noveliere*, un très charmant conteur de nouvelles, mais un styliste, un grand écrivain, non, non ! » À propos de Shakespeare, le 16 février 1889 : « Enfin, il y a une chose qui m'embête chez le plus grand homme de lettres incontestablement du passé : c'est le défaut d'imagination ! » « Une grande déception pour nous : *Les Misérables* » (avril 1862).

Cet ouvrage est le premier journal intime écrit à deux et bien écrit. C'est un pense-bête parfois très intelligent et parfois très bête. Après la mort de Jules (20 juin 1870), le style Goncourt se fait plus clair, plus direct. Moins d'adjectifs, plus de verve.

À mesure que paraissent les volumes du journal (huit du vivant d'Edmond) et qu'ils valent à l'auteur un tas d'ennuis (même son ami intime Daudet se plaint qu'on reparle de sa syphilis et des piqûres de morphine faites sur lui par son fils, étudiant en médecine, Léon), le texte perd ses méchancetés comme un arbre ses feuilles et un banquier ses cheveux. La peur de représailles empêche Edmond d'attaquer, alors il joue en défense : la pire tactique pour un auteur. On sortira de ce chef-d'œuvre avec une impression mitigée, comme de la vie. La durée d'un siècle ? Un battement de paupières. Les Goncourt ont vécu un calvaire : petits fours au théâtre, vagues succès en librairie. Éreintements à droite et à gauche. Surtout à gauche. Ils espéraient et au fond méritaient mieux. Ça les aurait bien aidés, un prix Goncourt. Ils ont fini par devenir l'écrivain le plus célèbre chaque année au mois de novembre. Mais qui se souvient qu'ils étaient deux ? Et qu'ils étaient écrivains ?

4

L'Arabie sans peine

« Mon *abaya*, putain ! »

L'*abaya* est une blouse d'institutrice en deuil, ce qui donne aux femmes qui la portent, c'est-à-dire à toutes les femmes, une autorité funèbre. Ce matin, à la résidence de l'ambassadeur de France, François Gouyette, Anne-Sophie se frappe le front du plat de la main : « Mon *abaya*, putain ! » L'avait oubliée dans la chambre.

Hier soir, dîner au Ritz-Carlton, l'ancien centre de détention de trois cents princes saoudiens. Ils n'avaient pas le droit de descendre au restaurant : on les servait dans leur suite. On ne nous autorisera pas à visiter leurs cellules à 2 000 dollars la nuit. Au buffet, Laurent Gillard, le COAC (conseiller de coopération et d'action culturelle) de François, me conseille les sushis faits à la minute par un cuisinier japonais. Dans la politique de saoudisation impulsée par Mohamed Ben Salman, les Saoudiens devront apprendre à faire des sushis eux-mêmes, s'ils veulent continuer d'en manger. L'idée du prince, c'est de les mettre au travail, discours auquel leurs dirigeants précédents ne les avaient guère habitués.

La résidence française se trouve à l'intérieur du DQ (*Diplomatic Quarter*, prononcer : dikiou) comme la plupart des ambassades, sauf les Russes et les Burkinabés restés en ville. Les Américains ont construit un château fort devant lequel on ne peut pas passer car ils ont fermé toutes les rues alentour. Je me suis renseigné : ils n'organisent jamais de soirée culturelle. En revanche, ils donnent des fêtes où il y a des hamburgers, de la bière et les gros bras de la CIA, le tout importé directement des États-Unis.

Aujourd'hui, à la *Saudi Commission for Tourism and National Heritage*, rencontre avec le prince Sultan Ben Fahad Ben Nasser Al Saoud, conseiller du prince Sultan Ben Salman. Sujets abordés : les nouvelles technologies et le football. Sujets évités : le Yémen, l'Iran et le Qatar. Le prince nous a confié que l'informatique enseignée à ses enfants n'a plus rien à voir avec celle qu'il a apprise pendant ses études aux États-Unis, à la fin du siècle dernier. Je note que le football se joue toujours à onze. Six équipes dominent le championnat saoudien : trois de Riyad, deux de Djeddah, et une d'une ville dont je n'ai pas compris le nom. Le prince bien content de la récente victoire du Real contre le PSG, propriété de son ennemi qatari.

Déjeuner au Fresh Grill, à côté de l'ambassade du Sud-Soudan, toujours dans le DQ. Celui-ci est une grande ville (vingt-sept kilomètres de circonférence), dans une très grande (Riyad, sept millions d'habitants). Mes interlocuteurs français en sortent-ils parfois ? Oui : pour faire leurs courses, le DQ n'ayant que deux petites épiceries. On sèche la visite du musée national de Riyad pour aller lire et écrire au bord de la piscine de l'ambassadeur. Celui-ci me donne le programme du mois de la Francophonie (du 5 mars au 2 avril 2018). Aya de Yopougon, dans le film d'animation de Marguerite Abouet et Clément Oubrerie (22 mars), ne porte pas l'*abaya*.

« Mince, mon foulard ! »

Causerie vespérale à la Résidence devant une soixantaine d'expatriés et de locaux francophones. Djellabas blanches et keffiehs pour les hôtes saoudiens de marque. Deux enseignantes à l'université du Roi-Saoud, l'une en *abaya* et l'autre en Saint Laurent. Une architecte française et une architecte italienne, toutes deux collaboratrices de Jean Nouvel. Bientôt un musée d'Orsay en forme de tire-bouchon à Djeddah ? Une journaliste égyptienne blonde, un stagiaire de l'ENA à lunettes.

Un amiral : le frère d'Éric Troillard, le directeur de mon hôtel niçois, l'Aston, sur la coulée verte. La fille de l'ambassadeur, khâgneuse venant de finir un stage chez Hermès, s'appelle Soraya et a, de fait, un visage d'impératrice iranienne en exil.

Sujet de mon petit exposé : journalisme et littérature. Je convoque Mallarmé, Márquez, Hemingway, Dostoïevski et quelques autres pour défendre ma cause, celle des écrivains journalistes. L'ambassadeur et son épouse régaleront ensuite l'assistance de vins et de fromages français. Longue conversation avec un médecin chiite ayant fait ses études à Moscou. Selon lui, les pays du Maghreb et du Proche-Orient se perdent par les guerres et l'absence de repères culturels. Seul le Maroc lui semble conserver un caractère purement arabe.

Ai demandé à faire une visite des quartiers pauvres de Riyad, requête accueillie avec un silence poli par mes amis français. L'un d'eux m'explique : il n'y a pas de quartiers pauvres à Riyad mais quelques rues où il y a de moins grosses voitures. On décide quand même, le lendemain, de faire un tour en ville. Ne serait-ce que pour sortir du DQ, ce grand Neuilly sécurisé. Avant de monter dans le taxi, Anne-Sophie s'écrie : « Mince, mon foulard ! » Hier, c'était l'*abaya*. Une réfractaire aux coutumes vestimentaires saoudiennes. Nous nous faisons déposer devant la place des exécutions capitales publiques. Elle est vide. Donc, pas d'exécution ce matin. Dans ce périmètre où tant de gens sont morts pour des crimes qui auraient valu ailleurs à la plupart d'entre eux une courte peine de prison, règne une atmosphère de néant et d'absurdité, comme celle qu'on trouve dans les cimetières militaires. Nous entrons dans le fort Al-Masmak où, au début du XXe siècle, l'histoire de l'Arabie saoudite moderne commencera avec le coup de main d'Abdel Aziz. Murs épais ayant étouffé des cris d'agonie, cours intérieures propices aux coups de poignard dans le dos.

Déjeuner dans l'élégante villa de Laurent Gillard où une chatte rousse errante et pleine a pris ses quartiers, trottinant derrière Laurent chaque fois que celui-ci part faire son jogging. Fatiguée par sa grossesse, elle abandonne la course au bout d'une centaine de mètres et attend, sans bouger, le retour de son maître qu'elle suivra alors jusqu'à leur maison, où elle est chez elle. Quand Laurent a des invités, elle reste dehors sur la terrasse, ayant compris que les Saoudiens n'aiment pas les chats, raison pour laquelle elle s'est installée chez un Français pour faire ses petits. Aujourd'hui, Laurent reçoit, en présence de l'ambassadeur et de la famille de celui-ci, quelques intellectuels saoudiens : profs de fac, architectes, médecins. Ma voisine de table, d'origine palestinienne mais née à Riyad, enseigne la littérature arabe à l'université du Roi-Saoud, section féminine. Elle n'a que tout récemment eu l'autorisation d'inscrire l'agnostique Mahmoud Darwich à son programme. En outre, me dit-elle, les femmes viennent d'obtenir le droit d'aller au stade international du Roi-Fahd pour voir du football. Mais l'enseignante préfère regarder les matchs de la Liga et de la Champions League à la télé quand son mari et sa fille sont couchés. Supportrice du Real Madrid, comme le prince Sultan Ben Fahad Ben Nasser Al Saoud.

Bernanos à Djeddah

Cette « Pléiade » des romans de Bernanos – édition de 1961 – que j'avais laissée sans la lire à Nice chez Catherine Couton-Mazet. Qu'est-ce qui m'avait découragé chez cet auteur ? L'aspect religieux des textes, évidemment. Ces interminables disputes entre curés. Les guignolades du Diable sous la pluie. Je reprends le volume en Arabie saoudite et soudain il s'éclaire, j'allais dire : s'illumine. D'abord le plaisir de la phrase longue où on ne se perd pas. Une écriture ultra-concrète qui aborde un unique sujet : la spiritualité. L'homme n'a qu'un problème, la mort, et n'a qu'un moyen de le résoudre, la foi. Est-ce l'omniprésence de l'islam ici qui, par un esprit de contradiction m'ayant déjà joué bien des tours de cochon de lait grillé, m'a précipité dans les pages du plus chrétien des grands écrivains français ?

Pendant le vol Riyad-Djeddah, Saudia Airlines, pour une raison mystérieuse – militaire? religieuse? –, obscurcit tous les hublots. Disparaissent ciel et terre. On ne verra pas la route toute droite, sœur jumelle de celle reliant Moscou à Saint-Pétersbourg, qu'Anne-Sophie voulait prendre en voiture de location pour traverser le désert. Autour de nous, femmes en hidjab et hommes à demi nus sous leur légère tenue blanche : les pèlerins pour La Mecque. Dans un avion saoudien, seuls les enfants rigolent, peut-être parce qu'ils sont les seuls à être embrassés et caressés. Les petits garçons sont les rois de leur mère voilée et les petites filles les princesses de leur papa barbu.

Accueillis, au Novotel de Djeddah, par Benjamin Negre, chargé de mission culturelle. Il sera rejoint, peu après, par Karim Maatoug au verbe croustillant, qui nous fera de la ville un portrait surprenant, comme inspiré par les premiers romans de Frédéric Beigbeder : sexe, drogue et rock and roll. Après-midi, chambre et football. Dans tout le Moyen-Orient, on joue des matchs passionnés devant des tribunes vides. Les commentateurs n'arrêtent pas de dire « Allah ! Allah ! », sauf pendant la prière. On a zappé la visite d'une expo, prétextant que nous n'aimions pas l'art. Celui-ci est devenu sur toute la terre un dieu que tout un chacun se sent tenu de célébrer, même les gens qui n'y comprennent rien. J'ai conscience que nous avons blasphémé. La vie ne devrait-elle pas être une suite de blasphèmes, si possible souriants ?

Dîner dans un restaurant de la nouvelle corniche. Une partie de la salle est réservée aux hommes célibataires, une autre aux familles, une troisième aux groupes de filles. Je vois six jeunes femmes en hidjab fumer chacune une chicha en se racontant leur vie avec une bruyante volupté. À la télévision, le championnat de foot égyptien. Nous rentrons à l'hôtel par la route du Roi. Énormes enseignes éclairées comme à Las Vegas ou à Los Angeles. Les grosses voitures vont au pas. Djeddah : les embouteillages de minuit. Ça doit être parce que toutes les boutiques sont ouvertes. Au Prestige, le mall que nous avons visité avant le dîner, des jeunes filles sans voile et certaines même sans foulard écoutaient de la musique pop en dévorant des hamburgers. Visages libres d'une finesse sidérante, dans lesquels brillent des yeux nouveaux.

5

Silhouettes du scandale

La prise de la Bastide

La Bastide de Gordes, après avoir été rénovée pendant un an (coût des travaux : 25 millions d'euros), va fermer pour six mois : réfection du spa. On y a décerné in extremis le premier prix littéraire de la Bastide de Gordes à Niels Labuzan pour son roman *Cartographie de l'oubli*. Quatre jurés (Frédéric Beigbeder, Régis Jauffret, Christophe Ono-dit-Biot et moi) parrainaient quatre jeunes auteurs débutants, à charge pour ces vieux chevaux de retour de se persuader mutuellement que leur poulain était le meilleur des quatre. C'est tombé sur mon candidat. Le roman de Niels est une galopade dans le temps et la Namibie, lieu de tournage du dernier *Mad Max*. Si l'Afrique inspire les meilleurs romans aux écrivains français, c'est parce qu'elle est riche : *Le Roman d'un spahi* de Pierre Loti, *Les Chimères noires* de Jean Lartéguy,

La Rose de sable d'Henry de Montherlant, *Le Lion* de Joseph Kessel, *Les Flamboyants* de Patrick Grainville et *Mais le fleuve tuera l'homme blanc* de moi. Le choc avec l'Afrique est frontal : il remue l'esprit, le pile et le touille.

Gordes sous la pluie a l'air vexée comme une patineuse artistique ayant fait une chute aux JO d'hiver. Sous un grand parapluie prêté par la réception, je sillonne les rues. Impossible de retrouver l'ancienne maison de Laurence Soudet, la dame qui a caché Anne et Mazarine Pingeot aux Français pendant deux décennies : sa principale fonction auprès de François Mitterrand. Mazarine vient d'autoriser les éditions Gallimard à publier les lettres d'amour de son papa à sa maman. Le problème des morts : ils n'ont plus de secrets. À moins qu'ils n'aient eu l'intelligence de ne pas les écrire.

De la chambre 210, la vue semble avoir été composée exprès pour séduire les touristes russes et japonais, les Américains et les Anglais restant chez eux depuis que notre président leur a expliqué à la télévision que nous étions en guerre. Comme ils sont nuls en géographie – les malheurs du monde sont dus en grande partie à ce qu'il y a trop de sport et pas assez de cours dans les universités anglo-saxonnes –, ils ne distinguent pas Avignon de Damas.

La veille de notre retour à Paris, dîner à la Bastide dans le restaurant de Pierre Gagnaire. À notre table, il y avait le comédien et comique

Jonathan Lambert, qui était tordant chez Ruquier de 2004 à 2008 et, plus récemment, dans le film *L'Idéal*, en patronne de L'Oréal. Habitué de la Bastide, il est l'initiateur de ce prix[1] dont Christophe est l'organisateur, Frédéric l'animateur et dont me voici pour finir l'historien. Niels Labuzan était accompagné de son éditrice Anne-Sophie Stefanini qui lisait Modiano à ses moments perdus sur la terrasse de l'établissement. À côté de Niels, Elsa Leeb. C'est l'attachée de presse du prix. Son fiancé suisse a un avion. Parfois il passe la chercher avec, où qu'elle se trouve en Europe. Cet amour rythmé par des décollages et des atterrissages m'a rendu rêveur, autant que l'épeautre, le loup, le chocolat et les topinambours de Gagnaire. Elsa est la fille de Michel Leeb, agrégé de philosophie qui, un jour, a décidé de faire rire au lieu de faire bâiller. Mais il reviendra bientôt à la philo, je l'ai compris quand, après notre petit colloque à la remise du prix – l'infidélité en littérature –, il a regardé l'horizon, c'est-à-dire Ménerbes.

Le réveillon du 4 mai

Je suis content : j'ai fini ma crèche marxiste. Pour le deux centième anniversaire de la naissance du petit Karl (5 mai 1818), j'ai rassemblé, autour du

1. Aujourd'hui arrêté (N.d.A.).

berceau de paille du divin enfant, les figurines de Joseph Hegel, le père ou plutôt le beau-père du fondateur de notre croyance, et Marie Gouze, dite Olympe de Gouges, la féministe engrossée par un certain nombre d'esprits saints : Diogène, Spinoza, Rousseau. Autour de ce trio de légende qui entretient l'espoir dans le cœur des travailleurs du monde entier depuis maintenant deux siècles, on trouve les trois révolutionnaires mages. Ce sont le Russe Lénine, le Congolais Lumumba et le Chinois Mao Zedong, chacun habillé de façon caractéristique : Lénine dans son vieux costard, Lumumba en boubou et Mao en veste Mao. J'aurais bien ajouté un Français – Robespierre, Jaurès, Marchais – mais la bible marxiste ne fait hélas pas état d'un quatrième révolutionnaire mage et il n'est pas dans mes projets d'écrire un nouvel évangile marxiste apocryphe. Le bœuf Castro et l'âne Honecker compléteront le tableau. Je regarde mon œuvre où il y a toute ma vie politique. Je ressens l'ivresse du matérialisme, l'extase du progressisme. Ma dévotion pour la révolution d'Octobre me plie presque en deux. Les larmes me montent aux yeux devant la douceur du spectacle que donne ma crèche : un monde pacifié où la plus grande religion – celle du profit – aurait été abolie.

Allons maintenant à la réunion de cellule de minuit, ce 4 mai qui précède la sainte nuit au terme de laquelle les enfants communistes recevront leurs cadeaux : un ballon rouge pour les plus petits, un bonnet phrygien pour les moyens, un livre de gauche pour les plus grands et une kalachnikov pour ceux qui ont un permis de port d'armes. Avant cela, il y aura eu le réveillon collectiviste. On l'a attendu toute l'année, ce dîner fraternel qui célèbre la création de notre mouvement mondial. Notre leader n'a pas multiplié les pains, il y en aura quand même pour tout le monde. L'eau ne sera pas transformée en vin mais, consolation : le vin ne sera pas transformé en eau.

À la fin du repas, nous nous agenouillons devant la crèche, parents et enfants confondus dans une même adoration, pour une prière qui est la récitation du célèbre « Notre camarade Marx » : « Notre camarade Marx / Qui n'es pas aux cieux mais dans tous les HLM et les bidonvilles de la planète / Que ton nom soit nettoyé / Que ta révolution revienne / Que ta volonté soit faite sur la terre mais pas au ciel où il n'y a personne / Donne-nous aujourd'hui notre pain noir de chaque jour / Ne nous pardonne pas nos offenses comme nous ne pardonnons pas aux anticommunistes qui nous ont offensés / Ne nous soumets pas à la tentation des centres commerciaux / Mais délivre-nous de l'exploitation de l'homme par l'homme / À bas la calotte [*facultatif*] ! »

Nabe et Pajak à Jérusalem

Le lundi 23 décembre 1991, l'écrivain Marc-Édouard Nabe et le dessinateur Frédéric Pajak partent pour Jérusalem. Nabe va y faire sa première communion et Pajak des dessins. Tous deux se sont connus à *L'Idiot international*, quelques mois plus tôt. J'étais là. Leur amitié me parut d'abord problématique ; du reste, elle n'a pas duré. Car Marc-Édouard est aussi dessinateur, et Frédéric est aussi écrivain. Ça faisait beaucoup de rivalité pour ces deux beaux égos. Néanmoins – le mot préféré de Pajak, qui s'est longtemps refusé à dessiner les nez –, belles phrases de Nabe sur leur relation dans *Patience 3* (35 euros) : « [...] j'aime bien quand on travaille tous les deux, Frédéric et moi, en silence, en tensions parallèles. Il est évident qu'il s'agit d'un artiste, c'est pourquoi nous formons les meilleurs compagnons de voyage. » Avec les années, chacun a suivi son chemin : de croix pour Nabe et pavé de bonnes intentions pour Pajak. L'un publie ses textes à compte d'auteur maudit et l'autre ses textes et ses dessins aux frais d'une princesse suisse qui produit de la bonne littérature française et étrangère dans son petit groupe d'édition (Buchet-Chastel, Phébus, Noir sur Blanc, etc.) : Vera Michalski.

Cette légende de Nabe antisémite forgée par les Juifs qu'il a insultés depuis son entrée dans les lettres sur France 2 en 1985 (« Apostrophes » du

15 février). Les goys qu'il a humiliés à la télé ou dans ses ouvrages ne l'ont pourtant pas traité d'antigoyite. La véritable offense est le talent, le génie étant une espèce de coup bas. L'unique touche d'antisémitisme dans ce récit superbe se trouve aux p. 15, 16 et 17, dans une condamnation sans nuance de la cuisine casher : « Elle exprime le mépris de tous les goûts du monde, aussi divins soient-ils. C'est l'immondice des immondices. »

Israël – titre emprunté à Bernard Frank et à Ben Gourion – est d'abord un formidable travail journalistique. Pierre Lazareff l'aurait mis en une de *France-Soir*, à l'instar des reportages de Lucien Bodard. C'était l'époque où les gens achetaient des journaux, car ils les lisaient. *Le 1* ou *XXI* devraient envoyer Nabe aux quatre coins du monde : il en reviendrait avec des brassées de descriptions fouillées qui enchanteraient les lecteurs. Dès qu'il arrive quelque part, Marc-Édouard voit et entend tout. Cela me rappelle le titre de l'adaptation théâtrale de *Adieu à Berlin* d'Isherwood : *I Am a Camera*. Avec Nabe, on a aussi le son. À Bethléem, ce sont les cloches. L'auteur est refoulé de la messe de minuit. Il faut une carte qu'il n'a pas. Comme pour la vie littéraire parisienne. Mais Nabe a la chance qu'une Française ait un laissez-passer de trop et le lui offre. Le salut par les femmes. Nabe : le maudit qui a du bol. Il croit aux miracles. Du coup, ils lui arrivent.

Les deux camarades non communistes et pas communs non plus seuls dans Jérusalem la nuit. Arrive, pour Marc-Édouard, le choc de la communion : « [...] j'ai tout mon esprit dans ma bouche. Voilà c'est fait. Le Corps du corps s'est dissous dans le mien. » *Patience 3* est en vente sur Internet et à la librairie Le Dilettante, place de l'Odéon (Paris 6e). La couverture, par son mauvais goût ahurissant, est un peu décourageante. Nabe se plaît à décourager ses lecteurs, c'est son côté grand écrivain. Il veut être aimé malgré lui, tel le médecin de Molière.

Souvenir de Dana Milošević

Dana Milošević était une petite dame avec un grand cœur. Elle était tout le temps en colère contre quelqu'un ou quelque chose, ce qui plaisait à Dieu auquel elle ne croyait pas, car Il déteste l'indifférence. Dit-on. Elle parlait fort un français délicat, tout en nuances. Y aura-t-il encore des Serbes pour comprendre si bien ma langue, maintenant que l'anglo-américain a tondu les pays européens comme on tond une pelouse ?

Je n'ai jamais su son âge. Le savait-elle elle-même ? C'était une fillette aux cheveux gris, querelleuse et gourmande, qui avait tout lu ou presque. Sa première manifestation, elle l'a faite, adolescente, contre le nazisme. Adolf Hitler a ensuite envoyé sur Belgrade les gendarmes de la Luftwaffe, puis les flics de la Gestapo. Il y a eu des Serbes qui se sont réfugiés dans les livres comme Ivo Andrić et d'autres dans les forêts comme Draža Mihailović. Après la guerre, Dana est venue à Poitiers, la capitale française des étudiants en langues. De ses visites enchantées du Paris gris et froid de l'après-guerre, elle gardait un souvenir ému. Rentrée à Belgrade, elle a donné des cours et des traductions. Beaucoup de cours, beaucoup de traductions. Elle ne faisait pas les choses à moitié, elle mettait plutôt les bouchées doubles. À sa table de travail comme à celle de la salle à manger.

Je l'ai rencontrée au milieu des années 1990. J'étais venu en Serbie pour présenter *Contre les calomniateurs de la Serbie* dont elle avait fait la traduction. J'ai tout de suite aimé son ironie, son intransigeance, sa culture, son perfectionnisme. C'était une intellectuelle à mon goût : infaillible sans solennité. Elle connaissait sa valeur mais ne se drapait pas dedans comme dans une toge de sénateur romain. Elle s'en amusait plutôt. Elle a fait partie – avec Tanja Šotra, Mihailo Pavlović, Neda Valčić-Lazović et quelques autres – de l'équipe de traducteurs ayant présenté mes livres au public serbe, qui avait alors bien des soucis dont j'espérais modestement le distraire.

Je nous revois dans ses restaurants préférés – Vuk et Madera à Belgrade, Lido à Zemun – et dans sa cuisine. Pendant une vingtaine d'années.

Pour célébrer la littérature, la slivovica et le cochon de lait grillé. Dana parlait beaucoup, comme tous les gens qui ont des problèmes d'audition, gardant les convives sous le charme de ses discours acides et désopilants. Peut-être sommes-nous toujours – mon éditeur Peter Zjvadrović, Tanja, Neda et moi – dans le petit appartement en grand désordre de Dana, à attendre la fin des sanctions, de la guerre et des bombardements. Dana était vieille et j'étais jeune, maintenant je suis vieux et elle est morte. C'est arrivé en une seconde : la durée approximative d'une vie humaine, comme je l'ai déjà écrit dans un texte qu'elle a sans doute traduit.

Communisme de fantaisie

La chute du communisme est déjà un vieux sujet qui revient sans cesse sur le tapis usé des propagandistes de l'Ouest, donc de tous les propagandistes, puisqu'il n'y a plus d'Est. On en recherche les causes pourtant évidentes. Sa nature maléfique, chère à tous les penseurs et gouvernements d'extrême droite pendant le XXe siècle, est devenue une évidence, un dogme, un mythe. Il ne serait plus jamais question d'étudier les aspects positifs d'une idéologie à laquelle plus rien n'est compté sauf les morts. Le retour en force du communisme serait un sujet plus neuf sur lequel sont peut-être en train d'écrire, avec leurs cocktails Molotov et leurs barres de fer, les nouveaux révolutionnaires masqués comme Zorro et casqués comme Athéna. La jeunesse reprendrait-elle des sévices ? Les casseurs ne seront pas les payeurs, étant mal payés. Les objets de consommation nous consomment, il faut les brûler avant qu'ils ne nous cuisent. Combien de lecteurs de *Paris Match* approuvent-ils ce projet de société cassée ? 1 %, ça en ferait quand même cinq mille. Un bon stade de foot de N1. À mort l'arbitre médiatique !

L'agacement de la bourgeoisie est grand devant les déprédations des nouveaux révolutionnaires qui gâchent les défilés bon enfant de la gauche désunie mais sa grande peur, elle l'a eue pendant les deux siècles qui ont précédé le nôtre. À peine est-elle, de la Révolution française à la chute du mur de Berlin (1789-1989), partie en vacances idéologiques. C'était, contre les classes laborieuses, une lutte de tous les instants dans laquelle elle perdait du terrain chaque année. Les avancées sociales, toutes commencées par les travailleurs et aucune par leurs employeurs, leur faisaient mal à dessein. La médecine remboursée, la retraite, les 40 heures, les indemnités de licenciement, les congés payés : autant de coups et de vexations subis par les dirigeants des petites, moyennes et grandes entreprises. On les mutilait, on les étouffait, on les torturait. Mais, surtout, on les ruinait. Ils appelaient leur mère la police et leur père l'État au secours.

Les communistes ne se contentèrent pas de forcer les patrons à octroyer aux salariés des droits dont ils n'auraient jamais pu imaginer d'eux-mêmes qu'un jour on les leur réclamerait : ils prirent des pays entiers. Il y eut un monde où la moitié du monde était communiste. Les camarades ont été les derniers à avoir un empire colonial. C'était l'empire communial. Le communiste était presque partout chez lui, comme l'Anglais au XIXe siècle et l'Américain au XXIe. Le soleil ne se couchait jamais sur les terres rouges. Les portes de l'usine ne s'ouvraient plus sur la banlieue mais sur les cinq continents. Le coco se baignait en Yougoslavie, skiait en Arménie, randonnait en Slovénie, pique-niquait au Cambodge. Il pouvait se dire qu'il avait des camarades sur tout le globe et de toutes les couleurs. Ce fut le seul moment dans l'histoire humaine où les pauvres ont été aussi cosmopolites que les riches. Barnabooth en bleu de travail. L'homme du peuple pressé. Autrefois, les riches, les aristocrates et les bourgeois étaient partout chez eux. Soudain, une fois sur deux, ils étaient chez leurs ennemis de classe. Donc un peu mal à l'aise. Ravalaient leur colère avec leurs traveller chèques.

Quelle idée saugrenue, quand on y songe : installer au pouvoir des gens qui ne l'avaient jamais pratiqué et priver du pouvoir des gens qui l'avaient toujours exercé. Les incapables aux manettes et les capables aux oubliettes. Cette idée ne pouvait sortir que d'un cerveau tordu et ne pouvait être adoptée que par des millions d'autres esprits tordus. Ce fut une surprise pour tout le monde tordu et pas tordu qu'il y eût autant de tordus sur terre. Dont moi. Toujours, je préférerai l'incompétence à la compétence. Je trouve cette première plus comique et par conséquent plus proche de la vie atrocement drôle. Jamais je ne songerai à reprocher à quelqu'un de mal faire son travail, même Dieu a sérieusement merdé en faisant le sien. Exemple : la pénicilline. Il a fallu plusieurs siècles avant que les hommes ne l'inventent, alors qu'elle aurait aussi bien pu nous être donnée comme le pavot et la noix de coco, ça aurait évité des millions de morts de la tuberculose. Mon cœur et mon esprit ont été, dès l'adolescence, attirés, charmés et presque envoûtés par les maladroits, les inconstants, les paresseux, les étourdis, les rejetés, les indociles, les assoupis, les incompris, les séparés, les déséquilibrés, les inconsolables, les filous. Leur philosophie de la mort me paraît mieux pensée que la philosophie de la vie professée par les agrégés d'optimisme. J'aime que le communisme ait été le premier système politique où l'on n'était pas puni pour notre bêtise qui n'est pas notre faute et où l'on n'était pas récompensé pour notre intelligence que nous n'avons pas fabriquée.

On veut faire le bonheur des hommes et qu'est-ce qui arrive : leur malheur. Comment de si bonnes intentions se sont-elles transformées en autant de détentions ? Peut-être les gens ne veulent-ils tout simplement pas que l'on fasse quelque chose à leur place et surtout leur bonheur : ça leur rappelle trop l'enfance. Outre que le malheur de chacun est sacré pour lui-même. Il le maintient en colère, c'est-à-dire en vie. Sans eczéma, comment se gratter ? Les hommes veulent un maître, pas un camarade. On peut s'arranger avec l'autorité d'un riche, alors que celle d'un pauvre nous insulte. Le plus haïssable dans les régimes communistes, pour ceux qui ne le sont pas, c'est d'être dirigés par des gens qui ne possèdent rien. Il est plus vexant de plier devant un locataire que sous un proprio. Il y a, dans la soumission aux possédants, la reconnaissance d'une loi de la nature, où le fort domine le faible.

Budapest 56, Prague 68, Berlin 89 : trois actes d'une tragédie largement radio- et télé-diffusée. Combattants de la liberté contre partisans de la servitude. C'était beau comme un feuilleton et en plus c'était vrai. Le communiste naguère insurgé, désormais submergé. Cette foule qui était sa famille devenue une mer d'ennemis. Lui qui aurait donné sa vie pour les masses, attaqué par les masses voulant lui faire la peau. La chute progressive de l'idéologie communiste donna lieu à une multitude de drames personnels, abondante source de fictions réalistes dans laquelle les écrivains et les cinéastes du monde entier ont à peine commencé à puiser.

Ce continent englouti, cette organisation défaite, cesserons-nous un jour, communistes et non-communistes, d'en porter le poids ? Se souviendra-t-on au moins qu'en URSS il n'y avait pas de sans-abri car tout le monde avait un toit, même si le moi n'était guère autorisé ? On divorçait en une seule journée. Un employeur ne pouvait pas vous renvoyer sans vous avoir trouvé un nouvel emploi. Ministres tous fils d'ouvriers et de paysans, ce que l'on n'a jamais vu ailleurs et qu'on ne reverra sans doute plus jamais dans notre monde libre d'écraser la plus belle des libertés : celle de ne rien faire de mal.

Elena Ferrante, pizza aux nouilles

Dès la première page de *L'Amie prodigieuse* (2014), on lit le procès d'un homme. Rino, le fils de Lila, ne fait que « trafiquer et gaspiller », n'a « pas de cervelle », et rien ne lui tient à cœur « hormis sa propre personne ». Normal : on est dans un roman de ces femmes qui en ont gros sur la patate qu'elles en ont marre de faire bouillir pour leur mari. Changeons les sexes : Rina ne ferait que « trafiquer et gaspiller », n'aurait « pas de cervelle » et rien ne lui tiendrait à cœur hormis « sa propre personne ». *L'Amie prodigieuse*, qui s'appellerait donc *L'Ami prodigieux*, serait aussitôt exclu des librairies pour sexisme et misogynie. Je trouve aussi, au hasard des nombreuses pages de cette pizza aux nouilles, un Gino qui « collectionna les mauvaises notes et me demanda de l'aider. J'essayais de le faire mais en réalité il voulait seulement copier mes devoirs. Je le laissai copier, cependant il était paresseux : même quand il copiait, il n'était pas attentif. » Une Gina paresseuse qui collectionnerait les mauvaises notes et copierait les devoirs de son voisin garçon n'est plus imaginable. Dans le commerce du livre, tabasser les hommes n'est plus un délit, c'est une obligation. Ce sont surtout les pères qu'on dérouille, mais les maris en prennent aussi pour leur grade. Les uns sont des brutes avinées, les autres de pompeux crétins. Quant aux amants, on a trouvé pour eux l'expression « pervers narcissiques », bien qu'ils ne fassent pas tous l'amour nus devant un miroir. Leur image s'améliore un tantinet – comme écrit Elena à la page une de sa tétralogie : « Je n'étais ni en colère, ni indignée, juste un tantinet sarcastique » – quand ils sont PDG de multinationales ou gros banquiers et emmènent leur maîtresse, c'est-à-dire leur victime, dans des hôtels cinq étoiles. Les fils s'en sortent mieux, sauf le Rino de *L'Amie prodigieuse*. Ils sèchent les larmes de leur maman malheureuse, ce qui ne manquera pas d'attendrir la lectrice indignée.

Au début de son roman, Elena Ferrante, à l'instar de Boris Pasternak en tête du *Docteur Jivago* ou de Carlos Fuentes dans *La Plus Limpide Région*, nous propose une liste des personnages principaux. J'ai calculé, il y en a quarante-trois pour neuf familles, sans compter les enfants toujours nombreux dans cette Italie de l'après-guerre où la pilule était inconnue et l'avortement un crime. Ça ne semble pas avoir découragé les lectrices du monde entier, peut-être parce qu'elles sont seules en train de lire un livre, alors que leur rêve serait d'avoir les personnages du livre autour d'elles. L'avantage avec les êtres de fiction, c'est qu'on n'est pas obligé de leur faire à dîner et qu'il suffit de fermer le livre pour les renvoyer chez eux.

Elena Ferrante a compris que le grand rêve des femmes n'est pas d'avoir un mari mais une amie, comme J. K. Rowling avait compris que le rêve des petits garçons et des petites filles n'est pas d'aller à l'école mais d'apprendre la magie (ainsi que d'avoir du poulet rôti et des frites chaque midi à la cantine et de rester le soir dormir dans la même maison que leurs copains et copines de classe). Une amie, c'est une sœur dont une femme peut se débarrasser, mais elle ne le fait pas parce que ce n'est pas une sœur. Son amie ne lui volera pas son père, elle en a déjà un. Ni son mari : il a fichu le camp. Les amies sont peut-être ce dont les femmes ont le plus manqué pendant des siècles, trop occupées qu'elles étaient par leur famille détestable. Plaire aux hommes, c'est bien, mais parler avec une amie des hommes à qui on plaît, c'est mieux, la perfection étant de ne pas du tout parler des hommes, sauf pour les réduire en charpie (voir début de l'article).

La narratrice en admiration devant son sujet féminin renoue avec la tradition romanesque du témoin écrivain narrant les exploits d'un être exceptionnel à divers titres : Nick et Gatsby dans *Gatsby le Magnifique*, Darley et Justine dans *Le Quatuor d'Alexandrie*, Michel Déon et ses poneys sauvages, etc. Ferrante aligne des phrases comme des arbres abattus. Ce n'est pas qu'elle écrive mal, c'est qu'elle n'écrit pas. Elle accumule les notations concrètes et objectives avec la moue béate de qui ne se pose aucune question littéraire. Le phénomène Ferrante me fait penser à d'énormes files d'attente devant un magasin de baguettes industrielles. L'auteur a fabriqué une chaise trop longue sur laquelle on a vite mal aux fesses quand on a le derrière fragile et à la tête quand on a une bonne vue.

François Busnel, la mouche du globe

« Bob Alpenstock-Washington, vous êtes aujourd'hui un des écrivains américains – écrivain ou romancier, vous me donnerez tout à l'heure votre explication sur ce doute, cette dualité, cette confusion – les plus lus en Amérique et dans le monde. Je me permets de rappeler quelques dates. Le 9 août 1941, vous naissez dans ce sud des États-Unis qui nous a déjà donné tant de grands auteurs tels, reprenez-moi si je me trompe, William Faulkner, William Styron, Truman Capote, Tennessee Williams et j'en passe. Alors la Seconde Guerre mondiale fait rage en Europe. À trois ans, dans une scène au comique ravageur que vous avez décrite dans votre ouvrage *The Real Thing*, “La chose réelle” en français, et qui vous a valu votre premier prix Pulitzer car les prix littéraires aux États-Unis ont la caractéristique de couronner de bons livres, ce qui est loin d’être le cas dans les autres pays et notamment en France, vous décrivez donc ce petit déjeuner – corn flakes, œufs sur le plat, *hash brown potatoes* – au cours duquel, à peine âgé de trois ans, je le répète, vous annoncez à vos parents que vous avez décidé de vous engager dans les Marines pour combattre Hitler et sa clique de nazis. Dès votre prime enfance, votre position politique est claire, votre lucidité entière : jamais vous ne vous laisserez charmer, au contraire de tant d’adultes, dont beaucoup hélas de Français, par les chants trompeurs et les promesses fallacieuses du national-socialisme. Le reste de votre enfance est marqué par un engagement citoyen qui n’exclut pas une vraie – et quand je dis le mot vrai, je pense : authentique – fascination pour les armes à feu. Dans votre essai au titre détourné de la chanson du célèbre Eric Clapton (“*I Didn’t Shoot the Sheriff*”, en français : “Je n’ai pas tué le shérif”), vous vous expliquez sur cette passion liée pour vous à votre père, chasseur émérite. Ce texte au style enlevé vous a valu les foudres d’un certain nombre d’associations antiarmes telles qu’il en existe aux États-Unis où, n’en déplaise à divers antiaméricanistes professionnels qui pullulent dans le monde et notamment en France, la liberté d'expression n'est pas un vain mot. À vingt ans, vous quittez livres et cahiers – vous êtes alors un brillant étudiant en sciences à l'université de Virginie – pour vous lancer sur les routes à la rencontre de ce que vous appellerez dans un livre futur qui vous vaudra votre second prix Pulitzer, *The True America*, en français : "L'Amérique vraie". Vous voilà face à vous-même et surtout face aux autres, dans ce moment clé de votre formation intellectuelle et, j'ose le mot, poétique. Dans les années 1960 aux États-Unis, tout se passe, tout arrive, tout advient, le bien comme le mauvais, le pire comme le meilleur. Pourtant – et on reconnaît là votre instinct de créateur – vous faites un pas de côté, vous mettez une distance, et venez écrire à Paris votre premier roman encore imparfait mais déjà troublant par sa sauvagerie, son intransigeance, sa dureté, des qualités qu'on aimerait retrouver dans les premiers romans français, ceux de l'époque comme ceux d'aujourd'hui : *Love and Death rue de Rivoli*, en français : "Amour et mort rue de Rivoli". L'échec commercial est total et vous décidez alors de parcourir le monde en faisant un peu tous les métiers : éboueur à Djakarta, boulanger à Helsinki, groom à Buenos Aires, plagiste à Saint-Tropez et j'en oublie. Ce périple vous inspirera l'ouvrage qui fera de vous un écrivain – écrivain ou romancier, vous nous direz tout à l'heure ce que vous pensez de ce qui est ou n'est pas une contradiction – mondialement connu et que les romanciers – ou écrivains – français devraient lire et relire afin de s'en inspirer car *Get up* (en français : "Lève-toi") est une véritable leçon de vie et d'écriture comme on en trouve trop peu dans notre littérature contemporaine française anémique, complaisante, faiblarde. De votre retour en Amérique en 1977 à aujourd'hui, vous avez enchanté et fasciné le public américain ainsi que les lecteurs du monde entier par des narrations fortes et poignantes, à l'émotion – cette émotion chère à Céline, dont je crois savoir qu'il est un de vos auteurs de chevet – d'autant plus vive qu'elle sait être contenue. Cette œuvre a été entièrement rédigée dans votre propriété du Connecticut où nous nous trouvons aujourd'hui, devant ces arbres d'une beauté majestueuse, sous ce soleil doré de la vieille et aussi jeune Amérique. Bob Alpenstock-Washington, j'ai envie de vous poser une première question qui me brûle les lèvres depuis que j'ai découvert votre œuvre encore adolescent : *Is writing difficult ?*

— *No.* »

Peter Handke, le chat des villes

Je possède sept livres de Peter Handke. Sur les soixante-dix qu'il a écrits, pour lesquels je n'aurais pas la place. Les bibliothèques, comme les cœurs, ne sont pas extensibles. Les grands écrivains sont souvent des écrivains grands, sans vouloir faire de peine aux héritiers de Jean d'Ormesson. Peter ne doit pas être loin du 1,98 mètre de Patrick Modiano. La fois où je lui ai dit bonsoir devant La Closerie des Lilas, j'ai eu l'impression qu'il était plus grand que moi. C'était un jour de grève SNCF-RATP et il devait rentrer à Chaville. Je lui ai demandé s'il allait prendre un taxi. Il m'a dit que non. Qu'il allait marcher. On ne peut rien contre un homme qui marche jusqu'à Chaville.

Peter Handke est un long gentleman autrichien d'origine slovène. Gros auteur cassant à lunettes et de vingt ans, il est devenu au fil du temps un mannequin de Boss ou de Paco Rabanne. Les randonnées en forêt ont fait de lui un modèle d'élégance, même s'il a les doigts un peu noirs quand il arrive chez les gens pour dîner. Au Bateau-Lavoir où nous recevait, il y a quelques années, le peintre serbe Miloš Šobajić, Peter a même sorti des champignons de la poche de sa veste. La maîtresse de maison, mais épouse légitime de Miloš, lui a demandé s'il voulait qu'elle les fasse cuire. Il a dit que non, qu'elle pouvait les garder pour un prochain repas. Je me demande parfois qui a mangé ces champignons que l'écrivain avait cueillis sur son chemin en venant de Chaville. À pied.

Les auteurs de premier plan se reconnaissent à une chose : le son. On pourrait aussi dire la musique. À tout prendre, je préfère le bruit. Il y a des auteurs qui font du bruit et ceux qui font le leur. La phrase de Peter Handke se voit à l'oreille. On n'écrit pas avec un stylo mais avec une ouïe. Les mots de Handke – lents, imagés, émus, brutaux, étonnés, ouverts – s'enroulent autour du lecteur comme un serpent non venimeux, sauf quand ils répondent aux offenses faites à Peter en raison de son amitié pour le peuple serbe et ses collines de Bosnie. Où il marche. Dans la polémique vieillotte proserbes-antiserbes, Handke a eu un petit handicap : elle n'avait pas lieu en allemand, langue que ne parlaient pas ses adversaires, mais en français, langue qu'il maîtrise avec lenteur.

Le grand auteur bardé de prix internationaux et de traductions dans cinquante pays est un cliché assommant où s'illustrent un certain nombre de raseurs éteints. Par son espièglerie à éclipses, ses diktats tordants («Il y a trop d'auteurs de romans policiers, il faudrait en tuer»), sa nonchalance érudite et ses audaces d'un autre monde (assister à l'enterrement de Slobodan Milošević fut l'une d'elles et non des moins critiquées), Peter Handke reste le jeune homme en colère qu'un auteur doit demeurer jusqu'à son dernier coup de plume, c'est-à-dire de marteau.

6

De *La Marseillaise*

Le jour où j'ai essayé de lire Éric Zemmour

C'était un dimanche de début octobre mais, grâce au réchauffement climatique, ça ressemblait à un dimanche de fin août. J'ai pensé, avec ironie : « La messe ou Zemmour ? » La dernière fois qu'un marxiste est entré dans une église, c'était à l'occasion d'un enterrement. D'un autre marxiste. Nous habitons à côté de Saint-Jean de Montmartre, bâtiment religieux de briques rouges. Pour complaire aux touristes de toutes nationalités qui se pressent dans la rue des Abbesses, il arrive à la cloche de jouer « Le Temps des cerises », l'hymne des communards devenu celui des branchouillards. Sommes-nous dans une paroisse de gauche, ce que contredirait le prix du mètre carré dans cette portion du 18e arrondissement ? Je venais de terminer, en vingt-quatre heures, la lecture d'un des plus beaux romans du monde en deux volumes :

Jean de Florette et *Manon des sources*. Après le grand cru Pagnol, me gâter le palais avec le vinaigre Zemmour ? J'ai préféré mettre de côté son gros livre blanc au titre déroulédien – *Destin français* – publié chez un éditeur spécialisé dans les grands pamphlets de droite mal écrits : Albin Michel. Il sera toujours temps, me dis-je, d'ouvrir ce qui se présente, dès le titre, comme un essai ronchon, sur notre pays. Qui n'est plus, s'indigne l'auteur ultranationaliste, tout à fait le nôtre. Après Alain Decaux et Gonzague Saint Bris, sans oublier l'impavide Stéphane Bern, Zemmour considère que ce sont les hommes héroïques qui font l'histoire, tandis que les masses basses la défont.

J'aurai donc mis cinquante ans – depuis ma lecture enchantée, adolescent, de la trilogie marseillaise (*Marius*, *Fanny*, *César*) et des souvenirs d'enfance (*La Gloire de mon père*, *Le Château de ma mère*, *Le Temps des secrets*) de Pagnol – à entrer dans l'histoire du bossu des Romarins, aussi haletante et abominable que celle du bossu de Notre-Dame racontée par Victor Hugo. Ce qui me retenait, comme ce qui m'a longtemps retenu de lire Faulkner, Giono ou *La Terre* de Zola : la peur de m'ennuyer à la campagne. Où il y a pourtant les plus beaux crimes et les passions amoureuses les plus salaces. Mais aussi ce vert omniprésent. Comment les paysans qui, comme moi, n'aiment pas le vert survivent-ils ? Se font-ils marins pour avoir le bleu de la mer ou profs de ski pour être dans le blanc de la neige ?

Pagnol a une spécialité : créer des personnages inoubliables. Les grands créateurs ne font pas de livres, ils fabriquent des êtres. Le Papet, Ugolin, Manon et surtout Jean Cadoret sortent du livre pour s'asseoir ou se coucher à côté de nous. À jamais. Ils nous emmènent dans leur tombe avant que nous les entraînions dans la nôtre. Les principales différences entre un grand écrivain et un petit sont les mêmes que celles séparant un grand footballeur d'un petit : la vitesse et l'agilité. Il faut dribbler le lecteur et le distancer, avant de le marquer. Je ne vois, dans la littérature mondiale, aucun équivalent, en émotion et en cruauté, à la fin de *Manon des sources*. Envoyons la traduction turque à Recep Tayyip Erdoğan et la traduction anglaise à Donald Trump : au terme du livre, l'un et l'autre seront, comme je l'ai été, en larmes.

Midi. Trop tard pour se mettre à Zemmour. Je traverse tout Paris du nord au sud et d'est en ouest pour arriver au marché aux livres anciens du parc Georges-Brassens ouvert chaque week-end depuis trente et un ans. J'y allais déjà en 1987, seul ou en compagnie de Nabe. Pente parfaite pour la trottinette de Yannis, quatre ans et demi. Des années que j'hésitais devant les huit cents pages de *La Vida* (5 euros) d'Oscar Lewis (Gallimard, 1969), anthropologue ayant recueilli pendant plusieurs années les témoignages des principaux membres d'une innombrable famille pauvre portoricaine. Les premières pages – lues pendant le peu de temps que me laissa une partie de cache-cache imprévue dans le parc – plongent le lecteur dans une misère et une violence qui écœureraient le petit marquis médiatique Zemmour dont je retrouve l'ouvrage chez nous en début de soirée. Ces livres, qui comme des portes condamnées ne veulent pas s'ouvrir. On dirait que les pages sont collées les unes aux autres par la pensée poisseuse de leur auteur. Par quelque bord qu'on prenne *Destin français*, il se referme sur lui-même comme une huître malade. Dans l'introduction, un aveu de Zemmour : il a découvert l'histoire à onze ans dans André Castelot, membre du comité de soutien du mouvement l'Unité capétienne et historien autodidacte comme lui. C'était l'époque où les banlieues rouges étaient blanches. Commentaire de Zemmour : « Même sous la torture, je continuerai d'affirmer que oui, décidément, c'était mieux avant. » Autre citation : « À Montreuil, on a l'impression que la ville vit sous permanente transfusion malienne. Les commerces traditionnels ont fermé les uns après les autres, les boutiques halal fleurissent, les rares pâtisseries survivantes s'interdisent les babas au rhum. » Le journaliste du *Figaro* prêt à engager la guerre du baba au rhum dans le 93. Il ne reste qu'à plaindre les gens qui ont acheté ce volumineux pensum et se sentent du coup obligés de le lire et à plaindre davantage encore les gens qui y ont trouvé du plaisir, avant de passer à autre chose.

Lettre de Tunisie

Pluie et vent sur Zarzis après des journées de grand soleil. L'Europe nous envoie un échantillon de son affreux automne. Il y a quelques jours, une Tunisienne de trente ans s'est fait exploser devant un car de police dans l'avenue Bourguiba, à Tunis. Titulaire d'une maîtrise d'anglais des affaires, elle ne trouvait pas de travail. On a l'air de découvrir le terrorisme avec Daech, alors qu'il a plusieurs siècles d'existence. Si Ravaillac avait été chinois et donc connu la poudre, il se serait fait sauter au passage d'Henri IV pour qui la France valait bien un masque. La révolution d'Octobre a été précédée de dizaines d'attentats. Le mot terroriste a été beaucoup utilisé par la Wehrmacht pendant l'occupation allemande pour qualifier les résistants français, presque tous communistes. Israël existerait-il sans l'attentat contre l'hôtel King David de Jérusalem ? Les actes terroristes du FLN ont libéré l'Algérie mais ceux de l'OAS ne l'ont pas rendue à notre pays. Le terrorisme n'est pas une pratique passagère mais une maladie ancestrale. Elle ne pourra être guérie que par la disparition de toutes les injustices terrestres, c'est-à-dire qu'elle ne pourra pas être guérie. Il est l'épée de Damoclès sous laquelle nous devons apprendre à vivre, mais il semble que ce soit déjà fait. J'interroge des amis tunisiens : quel impact le récent attentat aura sur le tourisme national qui, après six années noires, se redresse (hausse de 17 % – 5 758 940 visiteurs de janvier à septembre 2018 – des fréquentations par rapport à 2017). Réponse : « Aucun : il n'y a pas eu de morts, et la terroriste était une vieille fille. » Sous cette rudesse de langage perce l'aigreur d'avoir fait, en 2011, une révolution qui a divisé les salaires par deux et supprimé la moitié des emplois.

Ai quitté Paris au moment du lynchage médiatique de personnalités sympathiques : le philosophe Michel Onfray et le Marseillais Jean-Luc Mélenchon. Au premier, il a été reproché un libelle antimacroniste écrit dans un style libre et même un peu libertin. Au second, divers coups de gueule contre la justice, la police et les médias. La bourgeoisie ne tolère les écarts de langage contre les piliers de l'État – son État, appelé du reste naguère l'État bourgeois – que si leur auteur est un comique certifié, bardé de one man shows et de passages chez Ruquier ou chez Drucker. De Canteloup à Gaspard Proust, on a plusieurs dizaines de rigolos à qui on permet tout parce qu'ils ne sont pas grand-chose. On accepte les têtes qui dépassent à condition qu'il n'y ait rien dedans. Onfray et Mélenchon ont peut-être cru que leur talent et leur popularité leur épargneraient le peloton d'exécution médiatique.

Ils ont oublié que la bourgeoisie ne pardonne rien à quiconque s'en prend à ses intérêts, ce qu'aucun comique ne songerait à faire, l'unique préoccupation de ces hommes de spectacle étant de remplir les salles. D'un philosophe on admet la critique, pas la révolte. D'un tribun on supporte la verve, pas la fureur. Michel et Jean-Luc ont dépassé les limites que la bourgeoisie leur avait fixées, devenant des hors-la-loi que les gendarmes de la pensée n'auront de cesse de mettre à terre. Onfray et Mélenchon ne pourront pas faire appel au peuple pour qu'il leur vienne en aide car ils se verraient aussitôt taxés de populistes, injure aussi grave que l'était celle de communiste en 1940 ou celle de fasciste en 1945. Ce pauvre peuple, à qui on interdit tout, même d'être lui.

Dans la bibliothèque du Sangho Club de Zarzis, je me décide à ouvrir mon premier Paul Kenny (*Coplan tente sa chance*, 1962). Il y en a deux cent cinquante-cinq. Quand je pense qu'on me reproche d'écrire trop, alors que je n'en suis qu'à mon trente-septième roman. Il est vrai que Paul Kenny était belge et qu'ils étaient deux : Jean Libert (1913-1995) et Gaston Vandenpanhuyse (1913-1981). Nés la même année mais morts à quatorze ans de distance : lequel était vegan ? Frappé, dès les premières pages, par la rigueur de l'intrigue et l'ordre de la phrase. Il n'y a aucun mot qui traîne. C'est le roman d'espionnage d'avant l'ordinateur, c'est-à-dire d'avant l'hystérie. On réfléchit avant d'écrire car la technologie n'a pas encore supprimé les ratures. Le bruit de la machine réveille l'auteur alors que le silence de l'ordinateur endort le lecteur. Paul Kenny a-t-il été victime de *SAS* ou de *San Antonio* ? Dans l'aréopage des grands auteurs français populaires, il se tient dans une pénombre timide dont il serait temps, par des rééditions adéquates, de le sortir. Avec Coplan, on retrouve les hantises, les névroses, les crimes de la guerre froide. Par petites touches rapides, les auteurs nous restituent la France de De Gaulle et de Léon Zitrone, les USA de Kennedy et de Marilyn Monroe, l'URSS de Khrouchtchev et de Youri Gagarine. La littérature nous promène dans le temps et dans l'espace : c'est une fusée.

Nos regrets

Comme beaucoup de Français d'origine polonaise ou pas, anticommunistes ou pas, je suis allé à la première séance, le mercredi 24 octobre 2018, de *Cold War*, le film de Pawel Pawlikowski grâce auquel ce dernier remporta le Prix de la mise en scène au dernier Festival de Cannes. L'histoire se passe, comme son titre l'indique, pendant la guerre froide. Expression dont l'auteur est George Orwell auquel ni l'URSS ni les USA n'ont jamais versé le moindre droit d'auteur, alors que leurs dirigeants utilisèrent ces deux mots presque tous les jours pendant plusieurs décennies. Churchill a eu le même problème comme auteur de « rideau de fer ». Il s'est consolé avec le prix Nobel de littérature que les Suédois lui attribuèrent en 1953, alors qu'Orwell dut se contenter du prix Prometheus, à deux reprises (1984 et 2011) mais après sa mort (en 1950, à l'âge de quarante-six ans).

La Pologne communiste. Le dernier pays où cette idéologie pouvait s'implanter : très agricole et ultra-catholique. Pour couronner le tout, la haine des Russes qui n'ont pas arrêté, depuis le XIIe siècle, de lui faire des misères. Lénine y aurait réfléchi à deux fois avant de planter son drapeau rouge sur la place du marché (*Rynek Starego*) de Varsovie. Avant d'envahir un pays, Staline n'y pensait qu'une fois, en vitesse, puis passait à l'action. Spécialiste du problème des nationalités en URSS, il savait que la Pologne n'était pas prête pour le communisme et ne le serait sans doute jamais. Il ne considérait ce plat pays de l'Est que comme une partie du glacis de sécurité qu'il constituait autour de la Russie et dont les autres morceaux furent la Roumanie, la Hongrie, la Bulgarie, la DDR et les pays Baltes. À cette triste farandole le petit père des peuples aurait voulu accrocher la Yougoslavie mais le Croate Tito lui a refusé, en 1948, ce plaisir. La seule personne ayant fait plier Staline pendant son règne meurtrier fut donc un Croate, ce dont je ne suis pas peu fier (maman née à Zagreb le 1er novembre 1924).

Le pianiste Wiktor rencontre, en 1949, la jeune Zula qui sort de prison : elle a blessé son père qui tentait d'abuser d'elle. Elle rejoint une troupe de chanteurs et de danseurs folkloriques dont Wiktor est le mentor et le chef d'orchestre. Elle l'excite, il la fascine. Et inversement. Ils deviennent amants secrets. À l'occasion d'un concert en DDR, Wiktor décide de fuir à l'Ouest. Zula choisit de le suivre mais le laisse franchir seul le mur de Berlin qui n'existe pas encore, ce qui facilite la tâche du Polonais. Après un mariage blanc avec un Italien qui lui donne sa nationalité en cadeau de noces, Zula rejoint Wiktor dans un petit logement sous les toits de Paris. Après quelques mois d'amour et de whisky, elle le trompera et retournera en Pologne. Les mystères de la femme slave. Je ne raconterai pas la fin. C'était ma spécialité, quand j'étais critique cinéma à *VSD* (2000-2009). Ça a valu pas mal de désabonnements à l'hebdo, passé aujourd'hui mensuel.

Cold War prend – non sans une certaine dignité artistique – sa place dans l'importante cargaison d'œuvres cinématographiques anticommunistes. Ces films posent tous la même question aux personnes, à travers le monde, restées fidèles à la faucille et au marteau : comment ne pas abandonner une idéologie responsable de tant de malheurs privés et publics ? La proposition s'inverse : si tant de gens, prolétaires ou intellectuels, se disent encore communistes malgré ce qu'ils ont vu, entendu et lu contre elle aux XIXe et XXe siècles, c'est que cette pensée a quelque chose d'inaltérable et d'indestructible. D'invincible. Bien sûr, nous présentons nos regrets à tous ceux – parmi lesquels Wiktor et Zula, dont l'histoire tragique serait celle des parents du réalisateur – qui souffrirent du communisme, non sans nous dire que tous les gens ayant profité du communisme devraient avoir, eux aussi, accès aux caméras et aux maisons d'édition : fils de paysans devenus médecins ou ministres, ouvriers ayant passé toute une vie sans être une seule fois au chômage, pauvres n'ayant jamais dormi dehors, peintres et écrivains n'étant pas morts de faim ou de froid, étudiants aux études payées et malades soignés gratuitement, etc. Dans *Cold War*, le communiste qui dirige la troupe polonaise n'est pas antipathique. On n'a même plus besoin, au cinéma, de rendre les communistes antipathiques : leur appartenance à ce régime maudit suffit à la haine du spectateur. Les cinéastes de l'Est comme de l'Ouest peuvent même se payer le luxe de prêter au coco doux sourires et regards compatissants : celui-ci, aussi charmant soit-il, sera le diable aux yeux des spectateurs. La bourgeoisie n'a pas fini de faire payer au peuple la grande peur qu'il lui a faite au XXe siècle et les salles de cinéma sont parmi leurs centres de torture préférés.

La cause du populiste

La bourgeoisie et son armée de troufions médiatiques, bien nourris dans les déjeuners en ville, ont déniché un nouveau mot pour déconsidérer le peuple et ses luttes : le populisme. Tout écart de langage, toute revendication musclée, toute intervention hors des clous sont à présent taxés de cette idéologie qui serait une survivance du fascisme avec un reste de nazisme et une goutte de communisme. C'est que dans le monde des idées policées on ne se comporte pas ainsi. On susurre à France Culture, on chuchote à France Musique, on ironise à France Inter. Sur Arte, le silence réfléchi est roi. On s'interroge sur BFM, on analyse sur LCI. Le mot plus haut que l'autre est une espèce en voie de disparition comme les éléphants ou les ours, sauf sur quelques stations périphériques où l'on se considère anticonformiste parce qu'on défend des idées de droite un peu plus fort qu'ailleurs. Les guerriers de *Causeur* et les chevaliers de la *Revue des Deux Mondes* se voient comme des héros de la pensée libre, alors qu'ils ressassent, avec leur pauvre talent, les vieilles lunes du conservatisme.

Dans son coin de boudoir, l'académicien Finkielkraut trépigne contre l'immigration et l'abandon du grec au lycée. Le pieux Houellebecq tourne comme il peut autour de sa haine des pauvres et de l'islam, accueilli comme un prophète dans les franges les plus droitières de la société. Les discours fermés et les points de vue rétrogrades de ces ratiocineurs ne sauraient être qualifiés de populistes, puisqu'ils brament leur mépris, leur dégoût, leur haine du peuple. D'être réactionnaires les sauve du populisme honni. Le rejet que le populisme inspire aux classes possédantes est d'abord la conséquence de leurs sentiments hostiles au peuple, cette masse informe qui regarde des conneries à la télé et mange de la merde.

La hantise des leaders, des élus et des intellectuels de gauche est désormais d'être traités de populistes. La route du peuple est barrée par le populisme. Ce gaz paralysant, concocté dans les officines idéologiques de la bourgeoisie, est la cause de ce que les leaders de gauche n'osent plus parler au peuple le langage qui le toucherait. Il ne serait pas question de se risquer à exprimer sa colère. Celle-ci sera aussitôt perçue comme une menace contre la démocratie divinisée et la sainte république. Quand les valeurs républicaines servent à bâillonner la population alors que ça devrait être l'inverse.

Le langage uniforme parlé par la bourgeoisie de droite comme celle de gauche est un piège dans lequel il est difficile de ne pas tomber quand on se risque à entamer un dialogue avec eux. Toute parole libre et singulière sera aussitôt soupçonnée d'être liée au populisme, c'est-à-dire au Mal. Un adjectif insolite, une moquerie inattendue, une analyse à rebrousse-poil, un aveu inapproprié seront aussitôt considérés comme une menace contre le mode de vie occidental. Le drôle de bruit qu'ils feront dans les oreilles des auditeurs ou des spectateurs ne leur ouvrira pas l'esprit. Au contraire, il le lui fermera. La bourgeoisie a réussi cet exploit de transformer tout discours libre en faute de goût, c'est-à-dire en crime. Car qu'y a-t-il de pire, dans la France de 2018, que l'inélégance ?

Il s'agira de nous réapproprier la parole qu'on nous a retirée par la menace d'une relégation dans les steppes glacées du populisme. Tout discours non personnel est inhumain. Recopier Internet ou plastronner avec les idées toutes faites avant nous est un comportement contre-révolutionnaire. C'est à chacun de prendre sa propre parole communiste. Puisqu'il n'y en a pas d'autre. Ce qui m'a le plus fait souffrir dans mon enfance – outre les cours de tennis que mon père m'a obligé à prendre entre ma onzième et ma quinzième année, alors que j'avais une passion pour la course à pied –, c'est d'entendre les membres de ma famille exprimer des idées qui n'étaient pas les leurs avec des mots qui n'étaient pas les leurs non plus. Je compris que le bonheur, c'était de penser une chose vraie et de la dire avec les bons mots.

Les trois Smic

Le révolutionnaire jaune est arrivé à la mi-novembre, en même temps que le beaujolais nouveau. Un mot sur la couleur. Le jaune n'a pas laissé un bon souvenir à la classe ouvrière, c'est le nom qu'on donne aux briseurs de grève. Du reste, la tenue des révoltés de 2018 n'est pas jaune mais fluo. Les gilets fluo n'auraient pas connu le même succès médiatique que les gilets jaunes. La poésie est importante, surtout dans une révolution. On s'acharne à donner le nom d'Octobre à celle de 1917 alors qu'elle a eu lieu en novembre (voir *Tout le pouvoir aux soviets*, mon roman sur le sujet paru en janvier 2018). Mais la révolution de novembre aurait fait trop Toussaint, chrysanthèmes, Gustave Flaubert (le titre de son premier roman, écrit à vingt ans).

Le samedi 17 novembre 2018, je me trouvais à Nice, au cœur de l'action. La ville compte de nombreux retraités mécontents et beaucoup d'automobilistes et de motards exaspérés. Je suis entré dans la boutique Vuitton (2, avenue de Suède) pour faire essayer une petite robe noire à ma compagne. Un vêtement simple et sans prétention, à part son prix : 2 900 euros. Presque trois Smic. Un ouvrier non spécialisé devrait travailler trois mois, en ne mangeant qu'aux Restos du cœur et en ne buvant que de l'eau du robinet, pour offrir la chose à la dame de ses pensées, s'il lui restait assez d'énergie pour penser. Les femmes passionnées de lecture sont plus faciles à contenter que les femmes passionnées de Vuitton. J'ai de la chance : c'est le cas d'Anne-Sophie. Alors, on n'a pas pris la robe, et, au marché du livre d'occasion de la place du Palais, on a acheté *Poupée blonde* de Patrick Modiano (1983) pour 10 euros. Soit dix fois moins que le plein d'essence d'une Audi A4, voiture fort prisée sur la Côte d'Azur. Une solution pour ces Français furieux contre Emmanuel Macron : lire Modiano. Le problème, c'est qu'on ne peut pas se rendre au travail sur un livre, surtout quand on bosse à trente kilomètres de son domicile. Et qu'il faut y aller cinq jours par semaine.

On aime dans une manifestation ce qu'on aime dans une catastrophe naturelle : la réalité renversée. On marche au milieu de la rue et on parle à tout le monde, alors que dans la réalité on reste sur le trottoir et on se tait. À Nice, il y avait des gens d'un âge certain dont, au contraire des soixante-huitards désormais chroniqueurs assoupis et atlantistes de la vie politique aseptisée européenne, c'était la première manif. Ils avaient l'air un peu ahuri quoique enchanté de qui vient de perdre son pucelage dans un bordel : celui qu'ils étaient en train de mettre. Ils regardaient les faibles forces de police avec perplexité et mélancolie, comme s'ils craignaient qu'elles ne suffisent pas à les protéger contre eux-mêmes. Ils se sont détendus au fil des heures, surtout après l'arrivée en fanfare de la cavalerie : plusieurs centaines de motos et de scooters déboulant sur l'avenue Félix-Faure. C'était le renfort qu'ils attendaient pour donner de la voix de stentor ou plutôt de senior.

Le mauvais logement, la télé grotesque, la médiocre nourriture, la faible automobile, le vilain restaurant, le sale camping, le vêtement usé, le transport pourri, la dent inchangeable, les lunettes cassées, voilà les dons faits par le capitalisme frénétique à ses sujets anticommunistes. Ceux-ci s'insurgent contre un système qu'ils ont choisi contre le nôtre. On ne peut que les plaindre, d'autant qu'ils raflent au passage l'impavide Le Pen et l'inusable Dupont-Aignan. Persécutés dans leur travail et dans leurs loisirs par une bourgeoisie insatiable, taxés de la tête aux pieds par un État glouton, ils se débattent comme des noyés sans bouée, ne trouvant rien d'autre à faire que d'empêcher les gens de rouler car ils en ont marre qu'on leur roule dessus. La révolution d'Octobre – de novembre ! –, en février 1917, a commencé par une marche de femmes qui voulaient du pain. Celle de 2018 débutera-t-elle par des sit-in de vieux qui exigent du diesel ?

7

Quatre hamburgers

1.

Sortir du métro à la station Robespierre (ligne 9). Marcher en direction de la porte de Montreuil. La troisième rue à gauche est la rue Émile-Zola : l'enfiler, comme aurait écrit Balzac, son prédécesseur dans la rédaction de sagas françaises. Après avoir dépassé, à l'angle de la rue du Progrès, un centre d'accueil pour migrants composé de containers peints de jolies couleurs, vous tomberez sur la rue de Valmy où se trouve, au numéro 7, le Tough Burger (01 49 88 07 77). Ou www.toughburger.fr. Dit le Tough Burger *east side*. En opposition au Tough Burger *west side* de Boulogne-Billancourt. Bertrand Amar et Thierry Moreau, deux journalistes de la génération tombée dans le McDo quand ils étaient petits, ont créé cette enseigne ayant toute sa place dans la chronique que je commence aujourd'hui, exclusivement consacrée à la *junk food*, la nourriture pour s'amuser à grossir.

Montreuil en novembre : dans le ciel si bleu qu'il en devient rose, aucun nuage parisien. Les rues s'appellent Éluard, Diderot, Arago. Pas de rue Aragon dans la capitale communiste de l'ex-banlieue rouge. Pourquoi ? Les immeubles neufs ont un côté Nouveau Belgrade, ville moderne construite au bord du Danube dans les années 1950. Il y a des arbres qui ont l'air d'avoir été oubliés. Trois fois le mot « avoir » dans une seule phrase : c'est le signe d'une grande émotion à l'aube de ma nouvelle carrière de critique gastronomique. Rue de Valmy, les employés de bureau sont gris et les ouvriers du bâtiment noirs. Le Tough Burger est une longue salle blanche avec un beau parquet marron clair. On se croirait dans un resto branché des Halles en 1980. Seuls les repas à emporter sont commandés au guichet à une jolie Asiatique. Si on veut manger dans la salle, il faut commencer par s'y asseoir. On vous apporte tout de suite le menu et, cinq minutes plus tard, on vient prendre la commande. On sent qu'Amar et Moreau ont trop attendu au resto, alors qu'ils étaient en bouclage. Grégory Protche et moi, on a fait simple : deux formules burger à 16 euros. Dans la formule Kids (10 euros), il y avait, outre une glace à la vanille et des crayons de couleur, un petit burger. Ça m'a tenté, mais on n'avait aucun *kid* avec nous, ni Odima (treize ans) dont Grégory est le beau-père, ni Yannis (cinq ans) dont je suis le beau-père aussi. Les burgers sont souvent trop gros, du coup il faut une fourchette et un couteau pour les manger, on se retrouve à avaler un steak haché avec deux morceaux de pain qui encombrent l'assiette. Le burger, comme le kebab où il y a bien souvent trop de viande, doit se manger dans la main à l'instar du sandwich. Dans la formule à 16 euros, on a le choix entre tous les burgers du Tough : *Not so tough* (que nous avons pris Grégory et moi, pensant avec raison qu'il ne serait pas trop gros), *tough*, *very tough*, *soprano*, *pastrami*, *frenchy*, *bueno*, *chicken*, 92100 (servi uniquement à Boulogne) et le 93100 (servi uniquement à Montreuil). Ne peut-on varier à l'infini les proportions de viande, d'oignon, de fromage et de salade dans un burger ? Pour les végétariens, trois burgers sans viande : *fish*, mozza, vegan, eux aussi inclus dans la formule à 16 euros.

Entourés de couples mère-fille et de cadres solitaires en costume bleu marine, de lycéennes sur iPad et de célibataires endurcies, de graphistes à lunettes et de secrétaires brunes, d'amoureux minces et de retraités honteux, nous avons savouré la viande de chez Metzger cuite en finesse et les buns du MOF Thierry Meunier. Grégory a décidé d'emmener son beau-fils footballeur – le mien l'est aussi, mais seulement au bac à sable du square Burq ou dans le couloir de l'appartement de la rue Tourlaque (Paris 18e) – au Tough quand ils auraient quelque chose à fêter. Son entrée en D5 ?

«C'est un endroit où un ado de banlieue peut inviter sa petite amie, a-t-il ajouté. Elle trouvera ça classe.» Les filles n'entrent pas dans les kebabs, même quand elles sont très amoureuses, sauf si elles sont très amoureuses du propriétaire. Le café était bon et on n'a pas été malades après. Je crois même n'avoir pas roté une seule fois pendant notre trajet à pied entre la rue de Valmy et la rue du général Gallieni, récemment rebaptisée rue du Capitaine-Dreyfus, où se trouve la terrasse arty de La Folle Blanche où le soleil s'est installé pour longtemps.

2.

L'avenue Bosquet (Paris 7e) est longue et froide comme un jour sans faim. Elle commence à la cathédrale russe et se termine à l'École militaire. On n'a aucune raison de s'y promener, sauf si on est pope ou officier français, deux personnages peu portés sur la flânerie. On rencontre surtout des employés qui n'ont pas beaucoup de temps pour déjeuner. Il y a donc un fast-food. Un seul. Et pas grand : une vingtaine de mètres carrés dans lesquels, en se serrant, une vingtaine de clients peuvent manger des hamburgers. Un mètre carré chacun. Du reste, le patron brun à lunettes – le sosie de Michel Raskine jeune, pour ceux qui savent qui est Michel Raskine – et sa serveuse blonde Pénélope ont commencé, à 12 h 50, par me refouler. Première fois de ma vie que je n'arrivais pas à entrer dans un fast-food. Mais les gens mangent vite leur hamburger et leurs frites, car ils aiment ça. Quand Grégory Protche est arrivé, avec le manuscrit de mon prochain roman[1] sur le football dont je lui avais demandé de corriger les passages les plus techniques car c'est un ancien gardien de but, une table pour quatre s'était libérée. En un tournemain, comme auraient écrit Henri Troyat et peut-être aussi Gilbert Cesbron, Pénélope l'a transformée en deux tables pour deux et nous nous sommes installés au Birdy Hamburgers ici ou ailleurs, 49, avenue Bosquet. J'ai connu un écrivain qui s'appelait Alain Bosquet mais ce n'est pas le mec de l'avenue. Un boulevard Besson ne me déplairait pas, même si c'était celui de Colette, de Gérard ou de Luc. J'ai un neveu qui a déjà sa station de métro : Louis Blanc.

Le Birdy propose six sortes de hamburgers mais ils ont tous le même défaut : impossible, vu leur épaisseur, de les prendre dans la main et de mordre dedans. Seule différence entre le Original (10 euros) et le Yankee (12 euros) : du bacon dans le Yankee, pour 2 euros de plus donc. Le Californian (12 euros) n'a pas de bacon mais de l'avocat. Un avocat dans un hamburger, pourquoi ? Il doit être capable de se défendre tout seul. L'oignon fait enfin, dans le Californian (12 euros), son apparition. Pas

1. *Le Milieu de terrain* (*N.d.A.*).

trop tôt. Un hamburger sans oignon est comme une poitrine sans tétons : impossible. Le Nola (12 euros) est un hamburger au poulet, pour les gens sentimentaux qui ont eu un bœuf dans leur enfance et préfèrent manger de la volaille. Tout fast-food se devant désormais de proposer un plat végétarien, il y a, au Birdy, le Woodstock, surnommé the Veggy One. Le falafel remplace la viande, ce qui donne droit au client à une réduction : 11 euros. C'est ce qu'a pris ma voisine, une dame de mon âge attablée avec sa ravissante fille de seize ans. Celle-ci s'est empressée, en sortant de l'établissement, d'allumer une cigarette et son iPhone : le kit de survie des ados du XXIe siècle.

Grégory et moi, on n'est pas allés chercher midi à quatorze heures, ce que les critiques gastronomiques font trop souvent : un Original, une frite et un Coca chacun. Grégory a trouvé que la viande était meilleure qu'à Montreuil et je n'ai pas été d'accord avec lui. « Je la préfère car elle est plus grasse », a-t-il expliqué. C'est bien une remarque d'homme maigre. La viande des burgers est toujours archicuite, par peur des microbes. Si on veut manger un burger pas trop cuit, il faut le préparer à la maison, ce qu'on fait de plus en plus souvent Anne-Sophie et moi. La viande est bio et le pain est bon. On se régale. Difficile, après, de rester objectif dans la critique des autres fast-foods.

Les raisons de déjeuner au Birdy ? J'en vois six : les touristes japonaises qui font une pause viande rouge avant de monter sur la tour Eiffel voisine, pouvoir boire du Coca-Cola pendant un repas, l'exotisme de déjeuner dans le 7e comme si on était dans le 6e, le sourire et les cheveux blonds de Pénélope, l'aspect familial de cette petite salle à manger et les gens qui entrent en coup de vent pour venir chercher leur commande et ressortent vite avec elle. Ça faisait un peu d'air froid dans le dos de Grégory – je lui avais pourtant dit que dans un fast-food on n'enlève pas son manteau – mais me donnait un joli spectacle. Protche m'a reproché de confondre trop souvent sur un terrain de foot le numéro 6 avec le numéro 5. On a parlé de son livre qui sort en mai 2018. Sur le PSG. Sert-on des hamburgers au Parc des Princes ?

3.

J'habite maintenant rue des Abbesses (Paris 18e) et mon nouvel éditeur se trouve rue des Saints-Pères. Dois-je interpréter ces deux signes comme un retour de mon esprit matérialiste hégélien vers l'Église catholique ? D'autant que nos fenêtres donnent sur Saint-Jean de Montmartre, que nous sommes installés à deux pas de la rue des Martyrs et que nous nous sommes encore rapprochés, par rapport à la rue Tourlaque où nous avons vécu ces deux dernières années, du Sacré-Cœur. Est-ce Toi, Seigneur, qui m'appelles ? Pour me punir de mes insolences ou pour m'en récompenser ? Ce que je prenais naguère pour le hasard et que je me sens de plus en plus enclin à nommer le doigt de Dieu (l'un des meilleurs romans de l'écrivain américain fils de pasteur Erskine Caldwell) a, en outre, placé dans notre voisinage un restaurant de burgers, ce qui me permet de donner une suite à mes deux précédentes chroniques sur la *junk food*. Hélas, au contraire de mes deux précédentes incursions dans le monde du burger, je n'ai pas été accompagné cette fois-ci par mon ami Grégory, parti en Amérique du Nord pour dix jours avec Odima, le fils de la chanteuse et actrice Princess Erika dont Grégory partage la vie dans une charmante maison de mon cher Montreuil. Avant, on disait Montreuil-sous-Bois mais il n'y a plus de bois à Montreuil. J'ai du reste l'impression qu'il n'y en a jamais eu. À mon avis, on a attribué des bois imaginaires à Montreuil pour qu'on ne confonde pas la ville avec Montreuil-sur-Mer où il y a la mer.

C'est donc seul que je suis entré, un midi, au Koff : 15, rue La Vieuville (tél. : 01 46 06 83 36, www.koff-paris.fr). La rue La Vieuville part de la place des Abbesses pour buter, une centaine de mètres plus loin, contre la cité de la Mairie. Entrer seul dans un fast-food, c'est le contraire d'y entrer à deux : on vient pour manger, alors qu'à deux on vient pour ne pas manger. Ai tout de suite remarqué, au fond de la salle, trois Américaines obèses. Je me suis dit que c'était bon signe pour le Koff :

on avait affaire à des connaisseuses, qui n'étaient pas ici par hasard. Le lieu m'a fait penser à Grégory et à son voyage aux États-Unis : très américain. Briques rouges de Greenwich Village, publicités pour des produits emblématiques d'outre-Atlantique. J'ai passé ma commande habituelle : un hamburger, une part de frites et un Coca-Cola. Le Coca-Cola est arrivé en premier car il n'avait pas besoin d'être cuisiné. C'est la seule boisson meilleure que les Grands Bordeaux. Les Américains disent qu'il n'y a plus de cocaïne dedans mais j'en doute. Si c'était le cas, resterait-on, passé la soixantaine, aussi accro à cette boisson pour adolescents ?

Toujours le même reproche au burger français : trop épais pour qu'on le prenne dans la main. On est obligé de le manger avec une fourchette et un couteau. Autant se faire cuire un steak haché chez soi en grignotant une demi-baguette. J'ai noté cependant qu'au Koff, à condition d'avoir de solides mâchoires, on peut mordre dans le hamburger si on se résigne à ce que nos doigts trempent dans une sauce maison au demeurant fort acceptable. Que dire des frites ? Bien découpées et agréablement frites. Mais j'ai un problème : je n'aime plus les frites. C'est comme les fruits de mer. Ou l'oignon cru. On change. À la fin de sa vie en Suisse, Georges Simenon ne mangeait plus que de la semoule car c'était, quand il était enfant, le plat que lui préparait sa mère qu'il détestait. Les écrivains sont compliqués. Si j'avais mieux lu la carte du Koff, j'aurais vu que les six sortes de burgers peuvent être servies avec des *hash brown potatoes* pour lesquelles ma passion n'a pas faibli depuis les premières que j'ai mangées au petit déjeuner dans un hôtel de Carmel (Californie), en janvier 1988. Le Koff sert aussi un hot-dog halal : c'est de la dinde. Il me semble qu'il y a un peu trop de choses dedans ou plutôt dessus : cheddar fondu, confiture d'oignons, oignons grillés, moutarde French's. Je suis sorti du Koff en bonne forme et le suis resté toute la journée, malgré le film indigeste (*Le Flic de Belleville*) que je suis allé voir ensuite au Pathé Wepler.

4.

J'avais pensé y aller en métro, moyen de transport idéal à Paris pour qui est pressé et n'a pas d'odorat, mais, tandis que je traversais la place Blanche, une grosse voiture noire s'est présentée et j'ai fait signe au conducteur congolais qui, jusqu'à mon lieu de destination (Paris New York, 120, rue du Faubourg-Saint-Antoine, Paris 11e), m'a entretenu des malheurs de son pays d'origine (la RDC) qui vit aujourd'hui sous une quasi-occupation rwandaise, autrement dit tutsi. Paul Kagame est le véritable maître de Kinshasa et surtout des mines de cobalt et de coltan de la région du Kivu. Je le subodorais, mais le chauffeur, qui mériterait une chaire au Collège de France à l'instar d'Alain Mabanckou, me le raconte et me l'explique entre deux conversations téléphoniques avec son fils en lingala, longs échanges verbeux où je ne reconnais que deux mots : *na ngaï*. À moi. Je l'ai pourtant parlé, le lingala, de 2006 à 2009, puis l'ai oublié. Il faut tout oublier, puisque tout nous oublie.

Elle referme en vitesse *Barrage contre le Pacifique*, Pauline, quand j'entre dans le restaurant après avoir traversé une rue du Faubourg-Saint-Antoine éventrée, où règne un silence d'hôpital, si ce n'est de morgue. Ce n'est pas la seule artère dont le sang coule. La ville – anesthésiée par l'usage des trottinettes électriques parisiennes ? – remue vaguement pendant les opérations lourdes que lui inflige Anne Hidalgo, la pire maire de Paris depuis l'Allemand von Choltitz, qui a par bonheur perdu les élections municipales de juin 1944. Pas un arrondissement où les barrières vertes de la mairie ne s'opposent aux piétons comme aux automobilistes. Qu'ils ont de la chance les habitants et visiteurs de Venise, où les travaux, sauf les ravalements, sont interdits. Pauline est vegan, ce qui n'implique nullement la consommation de hamburgers, mais la chaîne Paris New York a prévu le coup : elle propose, ici comme dans ses autres adresses, trois hamburgers vegan : le vegan Cheese Burger (16 euros), l'Atomic (12,50 euros) et le Steak Vegan « Beyond Meat » (15,40 euros).

Après une courte hésitation, la jeune journaliste opte pour le premier, tandis que je demande au serveur de m'apporter ce qu'il veut. C'est dur de lire un menu, le mieux, c'est quand il n'y en a pas, comme chez nos parents. Ou nos enfants. Le serveur me demande ce que j'aime. Je résiste à l'envie de lui dire : du riz cantonais. Le genre de blague qui ne ferait pas rire Duras. Je dis : la viande et les oignons. Le fromage ? Un peu. « Je sais ce qu'il vous faut : le Vintage Cheese Burger. » Bah voyons. Pourquoi n'ai-je pas pris plutôt le Gros Mac (« hommage aux cinquante ans de la sauce la plus addictive de la planète et en souvenir de nos *kids* anniv' ») ? La chaîne Paris New York a-t-elle percé le secret de la sauce de McDo comme les Bretons l'ont fait naguère avec celle du Coca-Cola (le Breizh Cola) ? Que de mystères dans le monde du burger.

En attendant qu'arrive notre commande, de qui parler sinon de Marguerite, l'hypnotiseuse de plusieurs générations de lecteurs ? Ses ouvrages – Pauline et moi tombons d'accord là-dessus – sont des espèces de psaumes, de mantras. Les répétitions ne sont pas des erreurs mais des ruses. Duras les utilise pour nous endormir. Il y a chez elle une volonté de règne absolu. Née au Vietnam, elle a un côté nord-coréen. Le grand écrivain ne sera pas en paix tant qu'il n'aura pas gagné sa guerre contre toute la terre.

Arrivent le plat vegan de Pauline et mon assiette démodée. La littérature doit céder la place à la nourriture. La viande est bretonne, ça se voit tout de suite à son sérieux. Le Breton ne rigole pas, ça lui a permis de résister au mauvais temps. Les bœufs sélectionnés par Paris New York sont, c'est marqué sur le menu, nourris « exclusivement à l'herbe sur des pâturages en agriculture biologique, toute l'année ». Les frites sont américaines, dommage qu'une salière dévissée ait inondé de sel toutes les miennes, mais on m'en a vite apporté d'autres. Les valeurs de la chaîne : biologie et sympathie. Pauline me confie sa passion pour les jeux vidéo. Je me demande ce qu'en aurait pensé Duras. Originaire de Haute-Savoie, la journaliste est en coloc à Paris. Étudiante en lettres à Paris-IV, de surcroît. Elle ne boit pas de café, d'où son calme. Je la laisse devant le métro Ledru-Rollin, en route vers une existence de lecture et d'écriture, le tout enrobé de voyages sentimentaux. Le grand soleil est rond comme un bun.

8

Contres

Frédéric Vitoux

Frédéric Vitoux vient de faire paraître *Bernard Frank est un chat*, hommage à l'écrivain disparu dans un restaurant corse de la rue du Faubourg-Saint-Honoré, le vendredi 3 novembre 2006. Frédéric et Bernard s'étaient rencontrés, en juin 1983, dans l'église de Neuilly, puis au crématorium du Père-Lachaise, aux obsèques d'un autre écrivain, Jean Freustié. L'auteur des *Rats* et celui de *Bébert, le chat de Louis-Ferdinand Céline* sympathisèrent. À bon chat, bon rat.

Curieux texte que ce dernier ouvrage de Vitoux, parsemé de débinages, vacheries et perfidies sur le défunt. Frank le veule : « Le Bernard Frank que j'ai connu par la suite n'avait rien d'un homme d'action ni d'entreprise… » ; « Je me demande au fond si Bernard n'avait pas toujours eu cette forme d'indolence amusée – celle d'un homme qui se laissait vivre ou entretenir, qui avait vécu si longtemps chez les uns et les autres » ; « [...] Spectateur de la vie des autres, du tourbillon des autres » ; « Il se laissait porter, tout comme il n'entretenait en lui aucune ambition mais il se laissait entretenir... ».

Frank l'écrivain raté : « [...] Il n'écrivit [à l'exception de ses premiers livres] que parce qu'il était sollicité, pressé, bousculé... » ; « De lui-même [...], il n'aurait jamais rien fait, ni écrit... » ; « Il y avait de grands écrivains sans livres [...]. Bernard figurerait sans doute dans la catégorie » ; « Il n'était pas romancier du tout. Il ne se souciait pas de créer des personnages, d'inventer des actions dramatiques. [...] Ce n'était pas son fort. [...] *Les Rats* avaient été pour lui une entreprise sans lendemain, et sans doute cela valait mieux ainsi ».

Frank l'amant piteux : « Je n'ai jamais cherché à recueillir les confidences des femmes dont il avait été l'amant, mais je crois, prouesses érotiques ou non, qu'il se fatiguait vite de ce “superflu” dont parle Buffon... » ; « Mais au fond, ces histoires de sexe le retenaient fort peu [...]. Il faisait vite chambre à part ».

Frank l'empoté : « Bernard encombré par son corps » ; « [...] Vieillissement ou pas, amaigrissement ou pas, que Bernard avait toujours plus ou moins perdu son pantalon, que rien n'était à sa taille, qu'il manquait un cran à sa ceinture, qu'il avait oublié ceci ou cela... » ; « Il ne brillait pas en société ».

Frank le parasite : « Bernard […] se laissait vivre, nourrir, loger. Mieux encore, il se laissait protéger » ; « La vie près de Varengeville en valait bien d'autres et il fallut un jour que sa belle-mère ou son ex-belle-mère, excédée, le mît quasiment à la porte pour qu'il regagnât Paris ».

Enfin Frank le lâche : « Non que Bernard ait jamais été bagarreur de goût ou de tempérament assez téméraire pour défier plus costaud que lui. Ce n'était pas son genre. »

J'ignore pour quelle raison Bernard Frank a pris Frédéric Vitoux comme ami mais il s'est trompé : il aurait dû le prendre comme ennemi. C'était plus sûr.

Jean-Marie Rouart

On aime les jardins et on adore le Maroc : pour nous, Omar Raddad ne pouvait être que non coupable. D'autant qu'un de nos vieux copains, Jean-Marie Rouart, avait pris sa défense dès 1994. Il était même arrivé, avec l'aide du roi du Maroc, Hassan II, à faire gracier Omar par le président Chirac en 1998. Depuis cette date, Raddad est libre mais n'a plus le droit d'exercer la profession de jardinier. Du coup, il n'est pas libre. Pour gagner sa vie, il a été obligé de devenir boucher, ainsi que le montre le film récent de Roschdy Zem, *Omar m'a tuer*, où le désopilant Denis Podalydès incarne un Jean-Marie plus emporté, bavard, brouillon et pétaradant que nature. Dans la salle 3 du MK2 Bibliothèque (13e), celle que je préfère car elle est en hauteur comme un cimetière inca, il y avait, le matin où j'ai vu *Omar m'a tuer*, une bande de petits beurs et de petits blacks dont j'ai craint un moment qu'ils ne chahutent pendant la projection. Dès la première image, ils se sont tus et, quand ils regardaient le film, n'ont plus fait un bruit. On ne les entendait même pas respirer. Parce qu'ils voyaient leur existence future se dévoiler sur l'écran. Et qu'elle leur coupait le souffle ? Il y a une valeur éducative dans le film de Zem : quand on est un enfant d'immigré, il faut bien travailler à l'école pour apprendre à lire et à écrire afin de ne pas devenir jardinier à Mougins et de ne pas être accusé d'avoir tué Mme Marchal. Ou de ne pas tuer Mme Marchal ? À la sortie dans le hall du premier étage qui surplombe les jardins de la bibliothèque François-Mitterrand, ces jeunes spectateurs avaient le visage net de qui a beaucoup réfléchi, dans le noir, à son propre cas.

En réponse au pamphlet de Rouart (*Omar. La construction d'un coupable*) et au film de Zem qui s'en inspire (Jean-Marie n'a jamais couché au Negresco, en tout cas pas tout seul, et ne monte pas sur les mobylettes, en tout cas pas tout seul non plus), Guy Hugnet, journaliste indépendant, vient de faire paraître *Affaire Raddad. Le vrai coupable*. Pour Hugnet, le seul coupable possible, imaginable, réel, concret et en quelque sorte inévitable, c'est Omar Raddad, et il en fait la démonstration tout au long d'un livre implacable, aussi implacable que la plaidoirie à charge de Georges Kiejman, le 8 février 2002, lors du procès en diffamation intenté par la famille Marchal à l'académicien. J'y étais. Je me suis dit ce jour-là que si j'avais à l'avenir Kiejman contre moi dans un procès, je me ferais porter pâle. Jamais entendu quelqu'un dire autant de méchancetés sans lire ses notes et pendant aussi longtemps. Peut-être moi, après un dîner trop arrosé, à une fille sans défense, je veux dire sans avocat.

Je dis souvent à Jean-Marie : « Tes livres sont nuls mais dans la vie tu auras quand même réussi à faire libérer un meurtrier et pour ça, chapeau. » Il ne sait pas si c'est du lard ou du cochon. Expression idiote, car le lard, c'est du cochon. Rouart reproche à la justice d'avoir jugé Omar Raddad coupable parce qu'il est un petit jardinier marocain, mais c'est parce qu'il est un petit jardinier marocain que les médias l'ont innocenté et que l'ancien président de la République l'a gracié. L'innocence d'Omar est devenue un dogme devant lequel Jean-Marie Rouart pose en vestale chagrine et enamourée. Les opposants à cette thèse quasi religieuse se transforment, dans l'esprit du public, en iconoclastes douteux, alors qu'ils se contentent, comme Hugnet dans son livre passionnant ou

Kiejman dans sa diatribe sanglante de 2002, d'aligner les faits accablants pour Raddad.

David Guetta

J'ai acheté le nouveau CD – *Nothing but the Beat* – de David Guetta, l'homme qui fait danser toute la France. Ainsi que l'Europe. Et l'Amérique. Peut-être aussi l'Afrique et l'Asie. Je demanderai à mes amis congolais et thaïs. Plutôt les filles. La nuit, ce sont les filles. Ou les garçons minces aux cheveux longs comme Marc Dolisi, Frédéric Beigbeder ou Fabrice Gaignault. Ai écouté récemment ce dernier sur RFI. À la question idiote : « Si vous étiez un monument, lequel seriez-vous ? », il a fait cette réponse ahurissante : « Une petite tombe du Père-Lachaise. » Tu es sûr que ça va, Fabrice ?

David Guetta est de Toulon. Ces petits gars du Sud, secs et conquérants. Selon Bénédicte Martin, le secret de David, c'est de ne pas boire d'alcool et de ne pas se droguer. C'est comme cela, selon elle, qu'on réussit dans la nuit. Mais, s'il ne boit ni ne se drogue, comment supporte-t-il sa musique ? Parce qu'il ne fait pour moi aucun doute que ceux qui, dans le monde entier, dansent sur « Little Bad Girl », « Turn Me On », « Sweat », « Without You » ou « Nothing Really Matters » sont soit shootés, soit bourrés, soit les deux.

Moi-même, pendant toute une soirée, j'ai essayé d'écouter *Nothing but the Beat*. À jeun, comme son auteur. Pas trop fort : ça a peut-être été l'erreur. Mais je lisais *Les Conspirateurs* de Frederic Prokosch (1908-1989). J'aime cet écrivain américain d'origine autrichienne, né et mort les mêmes années que mon père. Fou de tennis comme lui. *Les Conspirateurs* date de 1943. D'ailleurs, cet été, j'ai lu quarante-trois livres et aucun roman de la rentrée. Il va falloir que je rattrape mon retard avant la première réunion du prix Renaudot chez Drouant.

Attention au mot *beat* : c'est un faux ami. Donc, pour David Guetta et ses millions d'émules terrestres, rien ne compte que le battement du cœur et celui de la batterie. L'expression *on the beat* peut aussi vouloir dire, lorsqu'elle concerne un policier, qu'il fait sa ronde, c'est-à-dire qu'il surveille. Pour les chasseurs anglais, *beat* signifie « battue ». Battre, surveiller, chasser : les trois occupations du DJ ?

Le roi David Guetta est le nouveau dieu provisoire de cette religion ancienne qui ne vieillit pas : la fête. Au contraire, elle prospère. Contamine tous les milieux et toutes les générations. Des sexagénaires et septuagénaires ne vont pas à un anniversaire, mais à une fête d'anniversaire. Trois étudiants se retrouvent dans le studio de mon fils aîné à la Butte-aux-Cailles : Paul me raconte qu'ils ont fait la fête, alors qu'ils se sont soûlé la gueule. La fête, qui était une distraction, est devenue un idéal.

Une idéologie. Après l'échec du fascisme, du nazisme et du communisme, la fête a réussi. Celui qui ne fait pas la fête – opposant, dissident ? – sera méprisé des hommes et ignoré des femmes. Il se châtiera par la dépression nerveuse ou le suicide, à moins qu'il ne finisse par comprendre qu'il est lui-même sa propre fête, à tous les instants de sa vie miraculeuse.

Le Dr Dukan

Dr Dukan : Bonjour, monsieur Bouddha. Que puis-je faire pour vous ?

Bouddha : Ça ne se voit pas ?

Dr Dukan : Je comprends, vous avez un problème de surcharge pondérale.

Bouddha : Depuis un bon moment.

Dr Dukan : Vous auriez dû venir me voir plus tôt. Au bout d'un certain temps, les kilos s'installent. Asseyez-vous, je vous prie.

Bouddha : Je préfère rester couché, si ça ne vous ennuie pas.

Dr Dukan : Dans votre cas, le régime carné me semble une bonne option.

Bouddha : C'est impossible, je suis végétarien.

Dr Dukan : Le régime Dukan pour végétariens n'existe pas, mais qu'à cela ne tienne, je vais l'inventer. Comment, d'ailleurs, n'y ai-je pas pensé plus tôt ? Le végétarisme se répand sur la planète et mon entreprise ne saurait rester indifférente à un tel phénomène. Laissez-moi réfléchir un moment.

Bouddha : Méditer, vous voulez dire ?

Dr Dukan : Ça y est. Pendant trois semaines, vous ne mangerez que des brocolis à la vapeur.

Bouddha : Quel assaisonnement ?

Dr Dukan : Aucun. Le vingt-deuxième jour, vous aurez droit à une noisette par jour, en plus de vos brocolis et carottes râpées pendant quarante-huit heures.

Bouddha : C'est compliqué.

Dr Dukan : Monsieur Bouddha, combien de régimes ont-ils échoué avec vous ?

Bouddha : Tous.

Dr Dukan : Je suis donc votre dernière chance.

Bouddha : Après les quarante-huit heures, il se passera quoi ?

Dr Dukan : Nous inaugurerons la période œufs. Un œuf par jour, pendant dix ans.

Bouddha : Rien d'autre ?

Dr Dukan : Non. Revenez me voir en 2022, vous vous rendrez compte des progrès accomplis.

Bouddha : Combien vous dois-je, docteur ?

Dr Dukan : Voyez avec ma secrétaire de quarante kilos.

Bouddha : Vous acceptez les roupies ?

Dr Dukan : Non.

Guy Konopnicki

Bah, Guy ? Mon Guy. Guitou. Qu'est-ce qui t'a pris ? Tu t'es cru en 1987, à la grande époque de *Globe* ? Notre avant-guerre, comme disait Robert Brasillach. Notre avant-guerre en Bosnie. Te souviens-tu de Georges-Marc Benamou ? Les polémiques antiracistes, les prières à Mitterrand (aussi appelé Tonton) pour qu'il reste à l'Élysée, les anathèmes contre le nonagénaire Claude Autant-Lara, la fête mensuelle à Le Pen. Tous vos petits copains de la Mnef qui passaient leurs examens avant d'y être mis, en examen. Dans *Marianne* daté du 13 juillet 2012, je trouve un méchant article de toi sur le « méchant » pamphlet de Jacques Laurent, *Mauriac sous de Gaulle*, encensé dans *Le Figaro* par Éric Neuhoff. Du coup, tu qualifies ce dernier de « palefrenier des hussards » et de « ramasseur de crottes ». C'est quoi, ces manières ? Ce vocabulaire ? À ton âge. Au nôtre. Neuhoff n'est pas Laurent, mais tu n'es pas Aragon. À soixante ans et quelques, les surréalistes avaient arrêté de s'envoyer des boules puantes. Où est-il, le Konopnicki nostalgique de notre ligne commune – communiste – de métro (la 9, Mairie-de-Montreuil/Pont-de-Sèvres) ? Le turfiste lyrique ? Le scénariste attendri de *Rouge Baiser* (Véra Belmont, 1985), l'un des deux meilleurs films français sur le PCF avec *Tout le monde n'a pas eu la chance d'avoir des parents communistes* de Jean-Jacques Zilbermann (1993) ?

Tu es mal tombé, Guy : le seul personnage politique dont j'ai jamais entendu Neuhoff se réclamer, c'est de Gaulle. Ce noceur est un templier, ce poseur un résistant, ce blagueur un tragique. Il est amoureux de son enfance sous le Général. Ça ne l'a pas empêché de bien rigoler en lisant la mise en boîte de Mauriac par Laurent (1965). Qu'Alice Déon, si notre polémique enfle et devient celle de l'été 2012 va être obligée de rééditer dans « La petite vermillon ». Je ne connais pas grand-chose qui empêche Éric de bien rigoler. C'est peut-être ce qui t'énerve chez lui. Et qui en exaspère bien d'autres. Cette manie qu'il a de sourire à tout. Tu aurais peut-être la même si tu avais frôlé la mort à vingt ans et avais ensuite passé plusieurs mois dans une clinique, à subir une dizaine d'opérations. Chaque jour lui est un présent, c'est pour ça qu'il vit dedans. Les films, les dîners, les hôtels, les copains. Son amour. Les livres. Il y a peu de lecteurs plus attentifs, généreux et subtils que lui. Dans un jury littéraire, c'est toujours Éric qui raconte ce qu'il y a dans un roman que les autres jurés n'ont pas ouvert.

Je déjeunais l'autre jour avec une jeune journaliste au marché des Enfants-Rouges. Elle a acheté *Mufle* pour passer ses vacances avec, faute de pouvoir le faire avec Éric, qu'elle ne connaît pas. Je l'ai regardée s'éloigner dans sa courte robe blanche avec son auteur préféré sous le bras, illustration parfaite du plaisir de lire.

Annie Ernaux

La lettre-pétition d'Annie Ernaux contre Richard Millet dans *Le Monde* du 11 septembre 2012 a paru accompagnée de cent neuf noms de personnes que le journal, par une sorte de prudence atavique, se garde de qualifier d'écrivains. Les signataires déclarent simplement : « Nous avons lu le texte d'Annie Ernaux et partageons pleinement son avis. » Il s'agirait donc d'une liste de lecteurs dont le premier d'entre eux est, par ordre alphabétique, Olivier Adam. Suivi de Philippe Adam. Il y a donc deux Adam, comme il y a deux Besson. Une troisième chose qui me rapproche d'Olivier, avec l'enfance en banlieue et les échecs au Goncourt. Du reste, il n'y a aucun Besson dans cette liste. Les Besson et la délation, ça fait deux. Parmi les cent sept noms qui restent, il y en a pas mal qui ne me disent rien, alors que depuis l'enfance je passe beaucoup de temps dans les librairies et les bibliothèques, la lecture étant une passion plus facile à assouvir que l'écriture : on n'a pas besoin d'avoir de talent. Qui est, par exemple, Patrick Bard ? Vu le prénom, ça doit être un quinquagénaire. Poète, essayiste ou romancier ? Tahar Ben Jelloun, je sais qui c'est : un ancien ami d'Hassan II bien connu dans les prisons marocaines pour son esprit démocratique. Mais Laurence Cauwet – la sœur du comique Cauet qui a modifié son nom pour éviter toute confusion ? –, Jean-Patrick Courtois, Céline Curiol, qui est-ce ? Si ce ne sont pas des écrivains, ce dont je suis presque sûr, il aurait fallu indiquer leur profession à côté de leur nom. Chloé Delaume, je sais qu'elle écrit parce qu'elle est mon auteure préférée, mais je n'aurais jamais cru qu'elle signerait un jour un texte d'Annie Ernaux, qui est une écrivaine lamentable, ainsi qu'il l'est démontré dans mon *Avons-nous lu ? Précis incendiaire de littérature contemporaine*. Michèle Gazier, elle, je sais qui c'est : elle était naguère dans un état critique à *Télérama*. Bertrand Leclair, je l'ai rencontré à *L'Idiot international* de Jean-Edern Hallier, où il était secrétaire de rédaction. Il y a un livre de lui que j'ai bien aimé, il sera dans mon précis. Mais qui sont Bernard Desportes, Lydia Flem, Arlette Farge ? Liliane Giraudon, Jean-Louis Giovannoni, Jérôme Lambert ? Ce n'est pas possible que je ne connaisse pas leurs noms. C'est troublant. Ah, quelqu'un que je connais : Alain Mabanckou, écrivain congolais vivant et travaillant aux États-Unis. C'est l'un des rares, sinon le seul, signataires africains de cette pétition dans laquelle ne figurent ni Emmanuel Dongala, ni Tierno Monénembo, ni Henri Lopes, ni Scholastique Mukasonga : le quatuor d'élite de la littérature francophone. Tito Topin a écrit des romans policiers, c'est un peu normal qu'il veuille faire la police de la pensée. Surprise : Didier Daeninckx absent de cette liste exhaustive de dénonciateurs qui restera dans l'histoire des lettres françaises comme la liste Ernaux. Je ne vois qu'une explication : Didier est décédé. Je présente toutes mes condoléances à sa veuve. Il y a une autre signature que je connais, c'est celle de Jean-Noël Pancrazi, le plagiaire de Jean Ferrat : *La Montagne*, chez Gallimard. Le même éditeur que Millet, par surcroît. Jean-Noël appartient au jury Renaudot. L'autre jour, chez Drouant, il nous a expliqué que c'était la première fois qu'il signait une pétition, sans que je parvienne à comprendre si c'était une excuse. Il aurait pu en choisir une qui ne soit pas dirigée contre un écrivain auquel la justice de notre pays n'a manifestement rien à reprocher. Pourtant, que la montagne est bête.

Patrick Bruel

Pendant les fêtes, je me suis puni : j'ai écouté le nouvel album de Patrick Bruel. C'est la faute aux médias qui nous ont expliqué abondamment que Patrick s'était amélioré depuis son dernier CD, *Des souvenirs devant*, dont j'avais parlé en 2006 («Patrick Bruel, chanteur à textes»), article repris à la page 422 de mon recueil *Patrick Besson au Point*. Bruel aurait changé. Il serait devenu subtil, poétique. Aurait la cinquantaine profonde et sensible. Apaisée mais résignée. Mélange Ferrat-Aznavour, avec une touche de Sting. Un Vincent Delerm aux tempes grises, un Raphaël avec de la bouteille de Diet Coke. On a vanté son swing réfléchi aux vibrations sincères. Il y a même une possibilité pour qu'il ait eu un bon article dans *Les Inrockuptibles*. Je vais demander à Bénédicte, parce qu'elle le lit. Ça m'a troublé. Du coup, j'ai fait comme des milliers de Français : acheté *Lequel de nous*. Un peu moins de 20 euros à la Fnac Italie 2. Je n'ai pas gardé le ticket. Ça ne sera pas pratique pour se faire rembourser. Espérons qu'avec ma carte One ça va marcher. Mais, tel que je connais Patrick, il m'enverra un chèque de 20 euros dès la lecture de cette chronique. Il est hyper susceptible. Et pas près de ses sous gagnés au poker sur le Net.

Je ne me rappelle pas bien *Des souvenirs devant*, sans doute parce que je ne l'ai écouté qu'une fois (dans ma chère chambre 37 de l'hôtel Grimaldi à Nice, aujourd'hui remplacée par la suite 208 de l'hôtel Westminster, mes amis Zedde ayant vendu leur établissement de la rue Maccarani), mais je me demande si *Lequel de nous* ne serait pas pire. Les mélodies sont atroces. Il y en a même une de Félix Gray. Bruel tape sur sa guitare comme sur un tambour et sur son piano comme sur une enclume. Mais le principal problème de Patrick, ça reste les textes, ainsi que je l'avais déjà remarqué en 2006. La perle de *Lequel de nous* : «Le bus s'éloigne loin devant» (*in* «She's gone»). Ça me rappelle ce candidat de «Qui veut épouser mon fils?» (TF1), quand il a dit : «Ces retrouvailles nous ont permis de nous retrouver.» Il y a aussi, dans le premier morceau : «Les parties d'échecs, les moustiques». Qu'est-ce que des moustiques viennent fabriquer au milieu d'une partie d'échecs ? C'était sans doute pour les faire rimer avec «Nos grandes engueulades politiques», le vers suivant. À propos, ferais bien un blitz avec Patrick, maintenant que Copé et DSK m'ont laissé tomber, mais je sens que c'est mal parti. PB à New York, quatre-vingts ans après Céline : «New York City / L'aube trempée de pluie / Dans mon taxi / Des news pas jolies». Ce sont les filles qui sont jolies ou pas jolies, Patrick, les news devant se contenter d'être bonnes ou mauvaises. Bruel penseur politique penché sur les printemps arabes dans «Les larmes de leurs pères» : «Ils ont pleuré / ils ont armé / Leur destin de lumière… de lumière». Cette fois-ci, Patrick s'est fait aider par Marie-Florence Gros mais ça n'a pas changé grand-chose.

Éric Chevillard

Je me suis fait un petit plaisir : au Gibert Joseph situé à deux pas de la Grande Bibliothèque, j'ai acheté *Pour Éric Chevillard*, ouvrage au titre militant signé de quatre personnes qui m'étaient jusque-là inconnues – sauf peut-être Tiphaine Samoyault, si c'est la même Tiphaine qui bossait à *Voici* au début des années 2000, je me souviens que sur la littérature elle avait des idées avancées : Bruno Blanckeman, Dominique Viart, Pierre Bayard et donc Tiphaine Samoyault. Blanckeman ouvre le bal avec « L'herméneutique du fou ». Je m'étais muni du dictionnaire Larousse de mon fils khâgneux – « herméneutique : qui interprète les textes sacrés »… – mais ça ne m'a, hélas, pas aidé à traduire en français des phrases comme : « Puissance d'un titre : "Mourir m'enrhume" ou l'idée de la consonance littérale, la juste mesure d'une synchronie logique, syllabique et phonique, quelque uglossie, cette utopie d'un logos que la fiction incarnerait au prix d'infractions jubilatoires imposées à l'idée de réalité… »

Un peu découragé, je suis passé au deuxième texte, « Rendre bête », de ladite Tiphaine. Après Vladimir Nabokov, Chevillard est, selon Tiphaine, un écrivain à la lecture duquel « on se sent bête ». Explication : « L'auteur n'est pas l'auteur ou alors c'est un autre et le narrateur peut être le lecteur ou bien l'auteur ou bien son biographe ou autre chose encore. » Là, je comprends tous les mots, pas besoin du dictionnaire, mais pourtant je serais bien incapable de donner une explication à cette phrase.

Aurai-je plus de chance avec Dominique Viart, auteur du troisième texte de ce recueil, « Littérature spéculative » ? Incipit : « L'œuvre d'Éric Chevillard réjouit le lecteur, mais désespère le critique. » Pourtant, selon le même Viart, Chevillard ou plutôt « son œuvre ne se plaint-elle pas de n'en avoir guère, de lecteurs ? ». L'écrivain, si l'on en croit ce troisième thuriféraire (Larousse : « Clerc qui manie l'encensoir… »), « change l'orang-outan en homme, l'iguane en moine, et réciproquement ». J'aime beaucoup le « réciproquement ». Éric Chevillard, prix Nobel du transformisme ?

Pierre Bayard clôt cette tétralogie louangeuse avec « Pour une nouvelle littérature comparée ». Donc, comparons : « Il y a toujours un reste dans le recours aux mots, et tenter de combler ce reste conduit à continuer à parler pour dire la réalité sans espoir de l'atteindre jamais. » Jérôme Lindon – c'est bien expliqué dans le texte que Jean Echenoz a écrit sur lui après sa mort en 2001 – avait un grand sens de l'humour – le jour du Goncourt, il obligea le lauréat à marcher de la rue Bernard-Palissy à la place Gaillon –, mais je ne suis pas sûr que ce genre de phrase l'eût fait rire. Ni ce genre de livre.

Sylvain Bourmeau

À Belgrade, où le président de la République Tomislav Nikolić m'a décoré de l'ordre du Drapeau serbe de troisième catégorie, j'ai lu, au Kalemegdan et dans la chambre 202 de l'hôtel

Square Nine, place des Philosophes, le tome I du journal intime de Christopher Isherwood (mille pages) paru à Londres en 1996, et qui couvre deux décennies, de 1940 à 1960. Il n'y a pas d'édition française. Arnaud Le Guern, de l'Archipel, devrait se mettre sur les rangs. Ou Fayard, qui réédite en ce moment – c'est l'événement littéraire de 2013, avec le « Quarto » de Patrick Modiano – tous les romans de cet auteur, dont *La Violette du Prater* et *Mr Norris change de train*. Le journal de Christopher raconte la vie, à New York mais surtout à Los Angeles, de plusieurs couples d'hommes en butte aux mêmes difficultés que les couples mixtes : jalousie, lassitude, impôts. Et j'ai alors pensé que le mariage pour tous ne changerait pas grand-chose à leur existence, et donc à la nôtre, sauf au moment de séparation : il y aurait le divorce. La polémique entre pour et anti-mariage pour tous m'a soudain paru, de Serbie, superflue, puisque la loi Taubira ne modifiera en profondeur la vie de personne : pas davantage celle des mariés gays que celle des célibataires hétéros. Les couples homosexuels existent depuis l'Antiquité. C'est même comme ça que Troie est tombée, Achille ayant tué Hector pour venger Patrocle, son cousin qui était en fait son conjoint.

Sylvain Bourmeau, dans *Libération* du 22 avril, traite de racistes et de sexistes les opposants au mariage pour tous. N'est-ce pas exagéré ? Il a oublié antisémites, on se demande pourquoi. Je n'ai jamais cru dans un mouvement dont le leader s'appelait Barjot. C'est comme si Lénine s'était appelé Dingo : personne ne l'aurait suivi sur les marches du palais d'Hiver. Ou Robespierre, Pierrot : adieu la guillotine. Les noms, comme disait Proust. Remplacez Guermantes par Dupond, vous n'avez plus de *Recherche du temps perdu*. Je m'étais promis de ne jamais lire un article de Bourmeau. Ça avait beaucoup fait rire Jean-Marc Roberts, dans les derniers mois de sa vie. C'est pourtant Sylvain qui a promu, en une de *Libé*, le seul mauvais livre de Marcela Iacub dont on a déjà oublié le titre. Elle était à l'enterrement de son éditeur, Marcela. En violet. A-t-elle chanté « Il jouait du piano debout », comme nous l'avait demandé, dans son testament, Roberts ? Dans mon groupe – Godfernaux, Beigbeder, Gaignault, Neuhoff – j'étais le seul à chanter, parce que les autres ne pouvaient pas lire le texte, ne voulant pas mettre leurs lunettes. On était à côté de la tombe de Michel Berger. Même dans les cimetières, il y a des coïncidences.

Bourmeau a aussi promu les poèmes de Michel Houellebecq. Toujours en une de *Libé*. L'interview : Vous sentez-vous plus proche de Mallarmé ou de Verlaine ? Où vous situez-vous par rapport à Lautréamont ? Que vous a apporté Dante ? Ce genre. Affirmer son autorité vasouillarde en promouvant un auteur dans le moule de la pensée soporifique. Ça me rappelle Gorki, qui, avant de partir en vacances à Gorki, montait sur le bateau nommé *Gorki*. Cela s'appelle la gloire. Et quelques années plus tard, cela porte un autre nom : la honte.

Le normalien

Au début du XIXe siècle, une nouvelle race est apparue sur terre : les normaliens. Elle a fait souche en France, dans un établissement appelé «Normale». Le normalien, au contraire de ce que son nom laisse à penser, n'appartient pas tout à fait à la communauté nationale : il est à part, différent. Il en a tellement conscience qu'il a tendance à se mettre à l'écart de la société. Il préfère rester avec les autres normaliens. Déjeuner avec eux, les accompagner à l'opéra, passer chez eux ses vacances d'été. Normale – dite aussi l'École normale supérieure, ou ENS – semble avoir créé entre ses anciens élèves des liens plus forts que ceux qu'ils pourront jamais nouer dans toute leur existence avec des non-normaliens. C'est un peu comme les gens qui ont été à Londres avec le général de Gaulle pendant la Seconde Guerre mondiale ou sur les barricades de Mai 1968 avec Daniel Cohn-Bendit.

Le normalien est recherché dans quasi tous les domaines : l'enseignement, qui reste sa première vocation, dont il a néanmoins de plus en plus tendance à se détourner ; la publicité, où on apprécie sa culture mais aussi sa souplesse à en faire un usage utile ; l'industrie, où on admire son ardeur au travail et son sens de la gouvernance ; la presse, où on peut lui confier toutes les rubriques ; la politique, où il rabat sans peine leur caquet aux non-normaliens ; la radio, où il parle mieux et plus longtemps que ses invités ; la télé, où il est à l'aise. On se demande comment la France a pu, pendant treize siècles, se passer des normaliens. Pour survivre, elle a dû faire appel à cette espèce aujourd'hui presque disparue, du moins dans les hautes sphères du pays : le non-normalien. L'anormalien, donc. Cet anormalien qui, comme il est enseigné à Normale, est au cœur de tous les malheurs qu'a connus notre pays depuis sa création par Clovis (481) : guerres, révolutions, génocides, famines. S'il y avait eu des normaliens à la Saint-Barthélemy ou sous la Terreur, il y aurait eu moins de victimes, et peut-être aucune. La guerre de Cent Ans aurait duré un week-end. La Fronde se serait limitée à quelques pamphlets documentés et bien construits. Hélas, ces événements malheureux ont été amorcés, organisés et vécus par des anormaliens, d'où leur caractère catastrophique, et leur conclusion abominable.

Le normalien, au début du XXIe siècle, a enfin pris le dessus sur l'anormalien. Il règne sur le patronat, gouverne la presse, gère l'édition, organise les médias, domine la politique. Tout le monde veut avoir un normalien chez soi, assurance de ne pas dire, de ne pas écrire et de ne pas faire de bêtises. Le normalien est pour tous une garantie d'intelligence, de culture, d'humanisme. L'absence de normalien est, pour n'importe quelle entreprise, perçue comme un manque, une faute. Un péché.

Le fait est que, depuis que les normaliens sont au pouvoir en France, notre pays est à la ramasse mais ça n'a probablement aucun rapport.

Le tennis

Le tennis : essayer de tuer l'autre sans daigner le toucher. Au moins, les boxeurs ont un contact physique, c'est plus humain. Les Thaïs mettent même les coudes. Les coureurs à pied sont une horde non sauvage : c'est à qui arrivera le premier, pas à qui piétinera ses concurrents. Les escrimeurs ne se battent que quelques minutes : ils ne transpirent pas la haine d'autrui pendant des heures. Les cavaliers ont un ami, le cheval, alors que les joueurs de tennis sont seuls face à leur ennemi. Les hockeyeurs sur glace se font des passes – voir le documentaire de Gabe Polsky : *Red Army* – alors que le tennis, ce sport de bourgeois égoïste et accapareur, consiste à ne pas passer la balle, à l'envoyer là où l'autre ne pourra pas l'attraper. Les footballeurs jouent. Ensemble. Contre d'autres footballeurs. Qui sont ensemble eux aussi. L'arbitre, au football, n'est pas installé sur une chaise comme un prédicateur, il court avec les joueurs comme un copain de classe. Il y a des juges de ligne, comme on le dit des régiments. Et il y en a plus qu'au football, alors que pendant un match il y a dix fois moins de tennismen que de footballeurs. Le tennisman est sous haute surveillance comme un détenu de QHS, naguère dénoncé par l'ennemi public numéro un Jacques Mesrine, qui n'a jamais joué au tennis. Trop sensible? Il ne faudrait surtout pas que le joueur de tennis s'évade, rejoigne les heureux nageurs qui s'ébattent dans les piscines olympiques, les golfeurs stylés qui ne s'essoufflent pas. Chaque fois qu'il envoie une balle en dehors de l'espace autorisé ou dans le filet barbelé qui le sépare de l'autre joueur prisonnier, un des neuf gardiens lui hurle dessus : «Faute!» La haine qu'il y a dans ce cri freudien. Celle du clampin qui regarde pour le héros qui agit, du moche que l'on ignore pour le joli que l'on désire, du bénévole pour le surpayé, de l'anonyme pour la star. Qui ne fait rien ne fait pas de faute, mais qui ne fait rien n'a rien.

Regardez-les, écoutez-les s'échiner, s'épuiser l'un contre l'autre pendant des heures, ces deux tueurs de tennis n'ayant qu'une obsession : écraser, humilier, achever et dépecer leur adversaire. Ils gémissent comme des torturés, ahanent comme des tortionnaires. Quand ils changent de côté, ils ne se regardent pas, de peur de se brûler à la haine de l'autre. Lorsqu'ils gagnent un point, ce geste méchant qu'ils font avec le bras, comme s'ils tiraient un signal d'alarme pour arrêter le métro de la vie, le train du bonheur. Quand ils ratent une balle de break – *to break* : «briser» – ils s'engueulent eux-mêmes comme des fous dans un jardin public. Le public, justement : prenant fanatiquement parti en faveur de l'un ou de l'autre pour des raisons aussi ineptes que la nationalité, le physique ou la race. Volontiers victimophile, il encourage celui qui est dominé, puis celui qui était dominant s'il est dominé à son tour. Le tout se termine par des discours dans un anglais douteux.

Anne Hidalgo

Après un déjeuner au Départ, place Saint-Michel, et un verre au Nouvel Institut, boulevard Saint-Germain, je traverse, par cette première belle journée parisienne de 2017, le pont Sully. Du quai des Célestins je regarde notre vieille Seine. La voie sur berge n'est plus une voie : devenue une promenade. Que font tous ces gens au soleil un jeudi après-midi ? Ils n'ont pourtant pas l'air, si j'en juge d'après leur habillement et leurs ustensiles électroniques, de chômeurs. À leur mine reposée et à leurs cheveux propres, on conclut que ce ne sont pas non plus des SDF. Et encore moins des migrants. Beaucoup de sportifs : à bicyclette, à patinette, sur des patins ou des planches à roulettes. Trop jeunes pour être retraités, trop vieux pour être des étudiants. Ils boivent, devisent, rigolent en groupe. Il y a aussi des solitaires plongés dans un livre, un journal ou leurs pensées. Il faudrait que nous plongions plus souvent dans nos pensées, ça nous éviterait d'être envahis par celles des autres. Je descends me mêler à cette humanité heureuse. Frappé, dès que mes pieds touchent ce bitume naguère interdit aux passants, par le climat d'insouciance, presque de volupté, qui règne parmi les promeneurs. Dans un silence quasi champêtre. À croire que le fleuve absorbe les bruits de la ville. J'ai l'impression de marcher dans un monde idéal, une sorte de Walhalla écologique de gauche. Le cerveau d'Anne Hidalgo ?

Quand je suis remonté, à la hauteur du pont Louis-Philippe, sur le quai de l'Hôtel-de-Ville, j'ai eu un choc. J'arrivais dans un autre univers : l'inverse du précédent. Après le paradis piétonnier, l'enfer automobile. Autos agglutinées ronflant avec fureur derrière des bus immobiles et bondés. Seules les voitures de police et les camionnettes des pompiers parvenaient à se frayer un chemin dans ce fouillis de carrosseries où même les scooters et les motos étaient à l'arrêt. Pourquoi tous ces gens bloqués dans la circulation n'avaient-ils pas choisi de descendre – à pied – vers l'ancienne voie sur berge devenue, grâce à la mairie de Paris, lieu de loisir, de détente, de nonchalance, voire d'extase ? Pourquoi restaient-ils éloignés de la Seine et de son cours reposant ? C'était incompréhensible. J'avais envie de les haranguer afin de les remettre dans le droit chemin, celui de l'air pur et du silence de l'ancienne voie sur berge. *In petto*, je leur tenais ce discours presque comminatoire : Parisiens, Parisiennes, laissez derrière vous le monde démodé du moteur à explosion, rejoignez les sages citadins qui ont fait le choix de la marche au bord de l'eau, de la sieste sous les feuillages, de la conversation sur les chaises longues de la mairie. J'aurais mis toute ma verve à les convaincre, mais j'oubliais un détail qui m'est revenu tandis que je sortais de l'animalerie du quai de la Mégisserie (1 200 euros le chaton) : ces gens, dans les véhicules motorisés, revenaient de leur travail. Ou y allaient. Ou le faisaient.

Dan Brown

Le professeur Langdon descendait d'un pas pressé les marches de l'église Saint-Urbain de Michwall Town (Connecticut) quand il entendit dans son dos une voix rauque prononcer son nom :

— Professeur Langdon ?

Il pivota sur lui-même avec souplesse et se retrouva face à un homme sans âge, vêtu d'un burnous frappé de la croix des Templiers. Soudain l'individu se redressa, se délivra de son étrange vêture et Langdon reconnut le duc de Positano, le célèbre généalogiste slovène, qui lui dit :

— Voulez-vous m'aider à retrouver la bite à Jésus, car, professeur Langdon, ainsi sera élucidé l'un des plus grands mystères du christianisme ?

Langdon était fort occupé par ses recherches sur les seins de Marie-Madeleine dont il avait fini par découvrir qu'ils étaient enterrés sous Saint-Pierre de Rome. Il attendait l'autorisation du pape François pour finaliser son travail en faisant creuser, par une équipe de terrassiers polonais dont il avait déjà utilisé les services, une tranchée dans la Basilique. Bien sûr, cette nouvelle enquête lui paraissait encore plus exaltante.

— Oui, déclara-t-il.

— Dans ce cas, suivez-moi, intima l'homme au burnous.

— Où allons-nous ? interrogea le scientifique.

— D'abord à Jérusalem, puis à Rome, à La Mecque, à Sarajevo, à Moscou, à Vladivostok, à Pretoria, à Los Angeles et enfin – terme de notre voyage initiatique – à Las Vegas, énuméra le duc de Positano.

Habitué aux longs voyages, le professeur ne tiqua pas. Il voulut repasser dans son appartement pour prendre quelques affaires mais le duc dit qu'il achèterait tous les habits de confection dont il avait besoin à Jérusalem et ils montèrent dans le jet de sa société secrète qui attendait non loin de là. Au mur des Lamentations, les deux compères rencontrèrent Aldemar Sitruk, historien israélien spécialisé dans l'ouïe chrétienne. Il leur donna l'adresse de Marcello Margharita dans le Trastevere avant de recevoir une flèche empoisonnée dans l'œil gauche et de décéder.

— Certaines personnes, confessa le duc, ne veulent pas qu'on retrouve la bite à Jésus.

À Rome, ils tombèrent sur le cadavre de Margharita et poursuivirent leur périple. Une descendante de Jésus leur expliqua, à Vladivostok, qu'elle avait reçu des menaces de mort si elle mettait qui que ce soit sur la piste de la bite à Jésus. Elle monta dans le jet du duc où elle fit l'amour avec le professeur Langdon. Ils se marièrent à Las Vegas et, dans un recoin obscur et poussiéreux de la chapelle, découvrirent ce qu'ils étaient venus chercher : la bite à Jésus.

— Comment être sûr qu'il s'agit de la bonne bite ? demanda Langdon.

— Un test ADN s'impose, risqua la Sibérienne dans un déhanchement suggestif, alors qu'ils se trouvaient au bar du Caesars Palace devant deux mojitos de la meilleure fabrication.

— Il nous faut le Suaire, décida Langdon.

— Dans ce cas, conclut sa jeune épouse, quitter Las Vegas s'impose.

— Je ne te le fais pas dire, sourit le scientifique.

Laurent Ruquier

C'est non sans mélancolie que je me décide à mettre un terme au bavardage insolent de Laurent Ruquier. Je me souviens d'avoir participé comme chroniqueur à ses émissions du matin sur France

Inter au siècle dernier. Grâce entre autres à Guy Carlier et à Jean-Claude Carrière, il y régnait une atmosphère d'érudition joyeuse que gâchaient un peu les nasillements du psy bien pensant Gérard Miller. Le seul psychanalyste à condamner en public les déviances individuelles qu'il ne soignait pas en privé. C'était la conscience gauche du studio. L'une des rares choses à mettre au crédit de Ruquier : avoir donné son congé à cet auteur sans livres, ce publiciste sans esprit, ce médecin sans patients.

Le poisson pourrit par la tête, dit le proverbe chinois. Pour l'humoriste, ce serait plutôt la voix. Laurent est devenu inécoutable. Sa gorge vibre de l'angoisse de ne pas trouver un bon mot. Son roulement de tambour de garde champêtre s'est transformé, au fil des ans, en crécelle de lépreux. Il nous avertit qu'il va nous faire rire, sans en être tout à fait sûr. L'humoriste est de mauvaise humeur, on devrait l'appeler l'humeuriste. Il vit dans la peur des autres, c'est la raison pour laquelle il a voulu les désarmer en les amusant. Le rire est presque toujours bête, alors que toutes les larmes sont vraies. L'humoriste, dit aussi le comique malgré sa tristesse, sait que le jour où il ne fera plus rire, on le fera mourir. C'est un gladiateur de la vanne, sans cesse à la merci de plus drôle que lui.

Depuis des mois, à l'instar de nombreux Français, je ne regarde plus « On n'est pas couché » sur France 2. Le grand problème, quand on est invité à cette émission, c'est qu'on doit la voir du début à la fin. C'est un supplice télévisuel d'une violence rare, infligé chaque semaine à un certain nombre d'artistes en quête d'irrespectabilité. L'animateur siège sur son trône, l'autre nom que donnait mon père Gabriel Besson (1908-1989) aux W.-C. Alignés au-dessous de lui tels les élèves d'un professeur de rien, on trouve des invités soumis et des chroniqueurs dociles. Les uns viennent vendre leur salade, les autres gagner leur peine. C'est un florilège de banalités et de redondances qui dure trois heures. Ruquier les saupoudre de remarques finaudes et de commentaires vachards, quitte à montrer parfois une mansuétude souveraine quand l'un des invités lui semble trop malmené par un chroniqueur. Il a la cruauté chagrine des despotes, qu'émeut la vue de trop de sang.

Pauvre Catherine Barma, la productrice d'ONPC, qui se croit la reine de Paris alors que tout ce que la vie lui a laissé, c'est une oreillette, celle que porte Laurent pendant l'enregistrement de l'émission. De la régie, cette marionnettiste fatiguée ordonne d'interrompre un rappeur, pousse à brutaliser un auteur, demande la tolérance zéro pour un philosophe et l'indulgence pour un homme politique. Elle est la Brinvilliers du samedi soir qui apporte son poison hebdomadaire à un Louis XIV auquel les audiences en berne commencent à donner le bourdon.

Claro

Le nouveau feuilletoniste du *Monde des livres* a un nom d'ampoule électrique : Claro. Il s'agit peut-être d'un pseudonyme dont le message subliminal serait limpide : le critique souhaite nous éclairer sur les chemins obscurs de la littérature contemporaine. Comment, en effet, s'y retrouver dans le fouillis éditorial actuel ? Des milliers de livres paraissent chaque année, la plupart d'entre eux étant qualifiés, par leur éditeur et souvent même la critique, de chefs-d'œuvre qu'il faudrait lire d'urgence. Par bonheur, Claro veille, comme avant lui Éric Chevillard, l'ancien feuilletoniste du quotidien, vigie hiératique aujourd'hui en retrait de la vie littéraire pour se consacrer à son œuvre, dit-on. Dans *Le Monde* daté du vendredi 21 septembre 2018, son successeur traite de *La Vallée des dix mille fumées* de Patrice Pluyette. Dès sa première phrase en forme d'aphorisme, Claro nous intrigue : « Notre ignorance du monde est un monde en soi, avec ses reliefs, ses monts et ses vaux, ses fables et ses fontaines. » Première question : comment peut-on ignorer le monde quand on est dedans, ce qui constitue la condition de tous les êtres humains non décédés ? Il nous faut ensuite imaginer, par exemple, une fontaine à l'intérieur de notre ignorance du monde. Son eau serait-elle potable ? Claro s'inquiète des gens qui entendent « étudier » ce « monde en soi ». Ils doivent, selon lui, « vagir, s'extraire du goulot du zéro avant d'en parcourir l'infini concentrique». Là, le lecteur du *Monde des livres* a une difficulté. Il se demande, dans son train de banlieue ou sur son canapé selon que c'est un prof de collège ou une prof de fac, comment on peut «parcourir l'infini», même s'il est «concentrique». Suit une petite charge de Claro contre les textes qui ne sont pas écrits par ce Patrice Pluyette dont il s'applique à faire l'éloge : «Le décor [dans ces ouvrages] y est planté comme un chou.» Je devine qu'on se trouve devant un jeu de mots mais je ne vois ni le jeu ni le mot. Autre reproche à l'encontre de ces écrivains qui ne connaissent pas leur métier aussi bien que Pluyette : «[...] quand on prend une cuillère, c'est parce que s'y balance une étiquette portant le nom de cuillère.» Jamais vu une étiquette sur une cuillère, même chez Ikea, et n'ai pas davantage vu une étiquette se balancer sur une cuillère. La cuillère semble avoir été un problème dans l'enfance ou l'adolescence de Claro. Souvenir d'une difficulté à servir quand il jouait au tennis ? Autre curiosité : «[...] se faire greffer de nouveaux yeux.» La greffe des yeux, comme celles du cerveau et du pénis, n'a pas encore été réalisée. Les journalistes médecine du quotidien du soir auraient pu renseigner le chroniqueur littéraire. Rappel du style imagé du regretté Michel Audiard dans, notamment, *Les Tontons flingueurs* (Georges Lautner, 1963) : «[...] on écarquille, on tâtonne, on erre, on bée.» On écarquille quoi ? L'auteur ne le dit pas. Quant à béer, je n'y avais jamais pensé mais je vais peut-être m'y mettre. «Que fais-tu, Patrick, ce soir? — Je bée.» Conclusion de Claro : «Car mine de rien, parti d'une allumette d'homme, Pluyette réinvente discrètement l'éblouissement.» Réinventer, même discrètement, l'éblouissement : ce n'est pas rien.

Thierry Wolton

J'ai compté : *Le Négationnisme de gauche* est le douzième ouvrage, Thierry, que tu consacres au communisme. Ne ferais-tu pas une fixation sur le sujet? On pourrait presque parler de toc. Ta passion se comprendrait si tu étais un communiste fanatique, incapable de se priver, ne serait-ce qu'une journée, de l'objet de son affection. Au contraire, ta haine des communistes est notoire et tu la manifestes une fois encore dans ce dernier pamphlet où tu les compares à Bardèche, Faurisson et autres négationnistes de la Shoah. Te voici de nouveau arrimé à l'établi que, depuis trente-trois ans (*Le KGB en France*, 1986), tu n'as guère quitté. On dirait que sans ta dose quotidienne de cette idéologie jugée pourtant néfaste par tes amis et toi, tu ne saurais vivre, respirer. À près de soixante-dix ans, tu continues, impavide, de creuser ton sillon dans les champs de Lénine, Staline, Mao et Marchais. Ne crois-tu pas qu'il est temps de passer à autre chose ? On a bien compris que le communisme n'est pas ta tasse de thé. Ce qu'on ne sait pas, c'est ce qu'est ta tasse de thé, parce que tu ne nous l'as jamais dit. Il y a bien quelque chose sur cette terre qui, en dehors du communisme, a capté ton attention, éveillé ta curiosité, suscité ton désir. La Toscane ? Dvořák ? La peinture flamande ? La bicyclette ?

Le Négationnisme de gauche se range dans la file interminable des ouvrages qui depuis deux siècles condamnent, de diverses manières et pour des raisons variées, le communisme. « Un spectre hante l'Europe, le spectre du communisme. Toutes les puissances de la vieille Europe se sont unies en une Sainte Alliance pour traquer ce spectre : le pape et le tsar, Metternich et Guizot, les radicaux de France et les policiers d'Allemagne » (Karl Marx, Friedrich Engels, 1848). La liste des textes anticommunistes est presque aussi longue et fastidieuse que celle des brochures procommunistes. C'est un océan de papier imprimé où on puise, selon qu'on appartient à telle ou telle classe sociale, avec appétit ou dégoût. Le procès du communisme n'étant plus à faire, il reste à faire celui de ceux qui ne l'ont pas fait. Les historiens devenus juges d'instruction, l'Histoire n'étant plus considérée que comme une succession de crimes. On peut dire, Thierry, que tu n'y vas pas de main morte. Tu manies la massue sans états d'âme. Tu ne lâcheras pas le suspect coco avant qu'il n'ait avoué tous ses méfaits. Ta fureur et ton obstination viennent-elles du fait que, malgré tes efforts de toute une vie, le PC n'a toujours pas été interdit en France et les communistes pas emprisonnés ou, mieux, pas exilés à Cuba ou en Corée du Nord ? Il y a même eu des gens pour voter communiste aux dernières élections européennes. Tu enrages, tu vitupères. Te faire ça à toi. L'auteur d'une *Histoire mondiale du communisme* en trois volumes de mille pages chacun où les crimes du communisme sont décrits par le menu. Ian Brossat (né en 1980) et Fabien Roussel (né en 1969) convoqués au Tribunal de l'Histoire. Où étiez-vous, jeunes gens, lors de la signature du pacte germano-soviétique ? Thierry, un conseil : laisse tomber le communisme, il ne te mérite pas.

Guillaume Musso

Je me suis introduit en catimini dans la Librairie des Abbesses de Marie-Rose Guarniéri (30, rue Yvonne-Le-Tac, Paris 18e). La libraire, animatrice du prix Wepler depuis 1998, expliquait à une nouvelle employée comment exercer cette profession. J'ai pris le premier Guillaume Musso qui se présentait, c'était le seul : la réédition de *Central Park*. J'ai payé en vitesse (9,10 euros) et suis sorti sans que Marie-Rose ait levé les yeux et ait surpris ma présence. Je lui ai raconté la scène le lendemain soir à l'hôtel Marcel-Aymé (16, rue Tholozé, même arrondissement), lors d'une petite fête organisée par Jacques Letertre, le maître des lieux, à l'occasion de la parution d'un plan historique du Montmartre des années 1950, conçu et rédigé par sa collaboratrice Hélène Montjean. Si on donne un jour le nom de Jacques à une place, ce sera la place Letertre. Confusion dans l'esprit des nombreux touristes asiatiques. Ces Japonaises à Paris marchant par groupes de trois ou quatre, toutes en longs manteaux et maquillages de poupée, guidées comme des aveugles par leur iPhone. « Je ne juge pas les choix de mes clients », m'a dit Mme Guarniéri avec un sourire lumineux qui disait le contraire. Je lui ai confié que je n'avais pas fait cet achat pour le plaisir avant de me rendre compte, aujourd'hui, que si.

Première constatation : Guillaume Musso a un problème avec le verbe dire. Il lui préfère, entre autres, « grimaça-t-il », « la coupa-t-il », « s'alarma-t-elle », « le brusqua-t-elle », « l'imita-t-il », « hoqueta-t-elle », « la rassura-t-il », « le rabroua-t-elle », etc. Il y en a comme ça à chaque page ou presque jusqu'à la fin du livre. M'épouvantai-je.

Guillaume Musso cinéphile : une jeune femme célibataire proposant à un inconnu de passer pour son fiancé lors d'une rencontre familiale comme le fait Alice Schäfer dans *Central Park*, c'était déjà le sujet de *Cherche fiancé tous frais payés* d'Aline Issermann en 2007. Argument repris en 2009 par la réalisatrice américaine Anne Fletcher dans

La Proposition, avec Sandra Bullock et Ryan Reynolds. Il y avait une situation identique mais inversée, en 2006, dans *Prête-moi ta main* d'Éric Lartigau, où c'est un homme (Alain Chabat) qui propose à une femme (Charlotte Gainsbourg) de tenir le rôle de sa fiancée auprès d'une famille impatiente de le voir casé. On notera que ces trois films précédaient de plusieurs années la première parution de *Central Park* chez XO en 2014.

Je savais bien que la place me manquerait pour raconter la cascade de péripéties que connaîtront à New York Alice et son compagnon d'infortune, un pianiste de jazz auquel elle se retrouve menottée sans savoir pourquoi ni comment, sur l'herbe de Central Park. D'où le titre. La veille – « la veille au soir », comme l'écrit Musso avec gourmandise (p. 15, 26 – deux fois –, 47, 87 et quatrième de couverture) –, Alice a fait la fête aux Champs-Élysées avec une bande de copines, puis elle ne se souvient plus de rien. Comme nous.

9

Black bloc-notes

Paysage de fantaisie

Pourquoi la Corse n'aurait-elle pas le droit, comme le Kosovo, d'être indépendante ?

Claude Lelouch : l'inventeur du comique involontaire au cinéma.

Le PSG doit absolument changer de pays.

La République a ses fanatiques, comme l'islam.

Bien que je ne sois pas corse, je ne comprends pas quand Jérôme Guedj parle français.

C'est plus facile de sourire à une femme voilée, car elle ne craint rien.

Le jury Goncourt sans Régis Debray : Cuba sans Fidel Castro.

Benyamin Netanyahou toujours pas inculpé par le TPI.

Paul Kagame, à la prochaine élection présidentielle rwandaise, devra prendre garde à ne pas être élu avec 150 % des voix.

Passerai donc la fin de mes jours par des portiques de sécurité.

Notes d'hiver

Après soixante-dix ans, tout le monde devient méchant.

Les arbitres ne sont jamais interviewés.

Mon insulte préférée : menchevik !

Supplément au questionnaire de Proust : êtes-vous plutôt Rocky ou plutôt Rambo ?

Végétarien pendant un mois : ai arrêté quand j'ai eu l'impression de ne plus appartenir au genre humain.

Un lecteur d'Homère s'installe à Troyes pour devenir un Troyen.

Les morts ont résolu le problème du temps.

Exilés russes rouges dans le 14e avant 1917, les émigrés russes blancs dans le 15e après.

Lénine savait coudre les boutons.

C'est grâce aux rapports de la police secrète qu'on a pu écrire la biographie des révolutionnaires.

Lénine, appelé le Vieux comme Tito, Mao ou Khomeiny : c'est toujours un vieux qui fait la révolution.

Grâce au TGV, rouler sans permis à trois cents kilomètres/heure ; avec le tramway, griller les feux rouges sans avoir d'amende.

Le dissident de l'Est avait l'Ouest, le dissident de l'Ouest n'a personne.

J'étais à l'armée où Marx était en voyage de noces (Palatinat).

La Croatie, sur les cartes, est jambes en l'air.

On dédie toujours les films aux personnes décédées.

Qu'est-ce que Marx trouvait de si bien au prolétariat ?

Alain Finkielkraut, sosie d'André Dhôtel.

Histoire-géographie

Révolution d'Octobre : œuvre d'une petite dizaine de bons joueurs d'échecs.

Lénine : le seul chef d'État à avoir écrit sur Hegel (*Cahiers sur la dialectique*, tome 38 des *Œuvres complètes*).

Pierre le Grand : l'unique monarque à avoir épousé une ancienne prostituée.

Luxe de pauvre : refuser le caviar.

Pourquoi les tsars se mariaient-ils avec des Allemandes ?

Le paysan russe du XVIIIe siècle travaille trois jours sur sept pour son seigneur, comme moi pour le fisc.

Les grandes-duchesses et le tsarévitch, en février 1917, atteints de rougeole.

Lisbonne encore triste du tremblement de terre de 1755.

1,90 mètre, blond aux yeux bleus et petite santé : le duc de Reichstadt, fils de Napoléon ?

Trois siècles que les Russes ont mauvaise presse en Europe : habitués.

Après la mort de Pouchkine, beaucoup de poètes russes ont essayé de se faire tuer en duel.

Le Paris de Lénine : son appartement (4, rue Marie-Rose), celui de sa maîtresse Inès Armand (2, rue Marie-Rose), son café (11, avenue d'Orléans), la bibliothèque du POSDR (61, avenue des Gobelins), son imprimerie (8, rue Antoine-Chantin), son parc (Montsouris).

Le nom du couturier qui, en 1917, a lancé chez les commissaires du peuple la mode de la veste en cuir.

La paix de Brest-Litovsk échiquéenne : Lénine sacrifie sa dame dans la robe de laquelle le Kaiser se prendra les pieds, obligé de laisser à Kiev les hommes dont il manquera sur le front de l'Ouest en 1918.

Variétés

Qu'est devenu le bébé du film *Potemkine* ?

Dans une guerre, qui compte les morts ?

Trop d'historiens.

Plus les gens sont niais, plus ils philosophent.

La tragédie est inévitable.

D'une position abandonnée de mes camarades, être le dernier à tirer au fusil sur l'ennemi de classe.

Informatique : le monde entier transformé en un pool de dactylos.

La tricherie du cinéma.

Pourquoi appeler un avocat « maître » ?

Footballeur, je n'aurais joué ni à Nantes ni à Saint-Étienne : ne porte jamais de jaune ni de vert.

La guillotine était une avancée technologique.

Le luxe est sans espoir.

Nabokov a vécu sans savoir taper à la machine et il est mort en ignorant que, dès 1991, la Russie ne serait plus communiste.

Si Donald Trump n'est pas élu président des États-Unis, on ne verra plus son épouse slovène à la télévision.

Ma fierté : toute une vie sans chauffeur ni secrétaire.

Comment Sergueï Bessonov au procès Boukharine en 1938 a-t-il échappé à la peine capitale ?

Staline et Marx ont écrit des poèmes dans leur jeunesse, mais pas Lénine.

Penser à rentrer

Comment ne pas devenir un grand écrivain.

Être enterré sous les murs du Kremlin avec John Reed ou au cimetière de Novodievitchi avec Mikhaïl Boulgakov ?

François Busnel, sosie télévisuel de Max-Pol Fouchet.

Être le pénis de Leonardo DiCaprio.

Ça aurait quand même été mieux de ne pas naître.

La fille qui, à force de caresses, transformait ses amants en chats (nouvelle).

Quelque chose de plus ridicule qu'une robe de mariée ?

L'Acméiste (roman).

Vivement la réouverture du Crillon.

Dans la vie d'un jeune écrivain, tous ces instants romanesques.

Les libérateurs finissent en prison.

Les temps capitalistes obscurs.

Un élan d'égoïsme.

L'Oxymore (roman).

Dans une rue de Montreuil, des ouvriers du bâtiment immigrés font la pause-déjeuner, tous penchés sur leur iPhone.

Dans la société bourgeoise, bourgeois reste une insulte.

Avoir tant voyagé pour être ce vieil homme dans l'autobus 62 en été, à 8 heures du soir.

Un coup de peinture sur La Havane ne serait pas de trop.

Dans le métro, les femmes regardent les hommes de leur tranche d'âge.

Métiers que j'aurais préférés à celui d'écrivain

Pilote de vaporetto à Venise.

Chauffeur de bus sur la ligne 100 (Nice-Menton).

Éboueur à Singapour.

Serveur sur la plage du Sporting (sur la promenade des Anglais).

Gérant du McDonald's du boulevard Saint-Michel.

Juré du prix Nobel.

Charcutier à La Motte-Piquet.

Concierge du centre culturel Sony-Labou-Tansi de Brazzaville.

Champion de France de hockey sur glace.

Défenseur camerounais de l'AS Monaco.

Ambassadeur de France au Liechtenstein.

Agent à cheval de la police municipale niçoise.

Producteur des « Anges de la téléréalité » (NRJ12).

Cuisinier dans un restaurant allemand de Bangkok.

Ouvrier du bâtiment sur une TGH (tour de grande hauteur).

Coiffeur pour dames à Briançon.

Professeur de philosophie au lycée Stendhal de Grenoble.

Conducteur de tramway à Novi Beograd.

Acteur belge oscarisé.

Entraîneur d'une équipe de football en CFA2.

Chirurgien du cerveau à Washington DC.

Gestionnaire d'une chaîne de go-go bars à Bangkok.

Parolier de Shakira.

Gynécologue à Saint-Tropez.

Moniteur de ski pyrénéen.

Champion olympique du 1 500 mètres.

Officier supérieur du FSB.

Projectionniste au Festival de Cannes.

Livreur de pizzas.

Directeur de théâtre subventionné.

DJ à Ibiza.

Révolutionnaire professionnel.

Danseur contemporain.

Pâtissier français en Corée du Sud.

Vigile à la Fashion Week de Milan.

Joueur professionnel de bridge.

Dompteur de lamas.

Auteur de best-sellers en Chine.

Agent de surface à l'ONU.

Scout de Dmitri Rybolovlev.

Atelier d'écriture

Ne pas écrire une phrase qu'un autre écrivain pourrait écrire à notre place.

Lire les grands écrivains ne sert qu'à une chose : jouir.

La description physique d'un personnage est une offense au lecteur.

Le réalisme : une utopie.

Préférer la main à l'ordinateur car elle est chaude.

Les paupières ne se soulèvent pas, ce ne sont pas des valises.

Éviter de faire entrer un grand événement historique dans un roman intimiste, c'est comme ça que Proust a raté la fin de *La Recherche* (guerre de 14).

Le talent consiste à surmonter la certitude de ne pas avoir de talent.

Un bon moment : quand le texte nous prend les commandes du livre.

Ne pas répondre à la critique, elle serait trop contente.

Éviter d'être obscur, sauf quand on ne peut pas faire autrement.

La même devise que les Navy Seals : *Light is right*.

S'arranger pour partir en vacances pendant dix-huit mois à la villa Médicis de Rome.

Ne pas montrer ses bons sentiments, surtout quand on n'en a pas.

Le lecteur est un ami : l'ennemi, c'est le texte qu'il faut achever.

Rien n'a encore été écrit.

L'étude de la littérature est une perte de tempo.

Le point sur la rentrée

Donald Trump, en bon businessman, cherche à écraser la concurrence : le monde entier.

Pour Mbappé, créer le carton bleu-blanc-rouge.

Des tablées d'abbesses aux terrasses des Abbesses.

Disparition inexplicable des restaurants grecs.

Encore une rentrée littéraire où on manque de livres : 570, soit environ un pour 120 000 Français.

Alain Mabanckou, Pagnol du Congo-Brazza.

Ce serait bien si on trouvait un nouveau Woody Allen.

Premiers jours d'automne : manque de Monaco, soif de Nice.

Rue Lepic, en face de l'immeuble blanc où habitait Théo Van Gogh, notre restaurant italien du samedi midi : la Rughetta.

Frédéric Taddeï et Michel Onfray engagés par Russia Today, le premier à l'écran et le second sur le Net : début de la révolution médiatique ?

Ben Arfa fêté à Rennes, Ancelotti roi de Naples mais Martial toujours emprisonné à Manchester.

J'aimerais qu'Iris Mittenaere redevienne dentiste.

Observations

Les terrasses d'hiver : on crève de chaud sous les radiateurs, on a la fumée de cigarettes dans les yeux et la conversation des voisins de table dans l'oreille.

Le 7e arrondissement encore plus à droite après le déménagement du PS et le mien.

Le pire prix Goncourt devenu le pire film de cinéma (*Au revoir là-haut*).

Est-ce Diderot (1713-1784) qui a pompé Laclos (1741-1803) ou l'inverse (*Mademoiselle de Joncquières* copie conforme des *Liaisons dangereuses*) ?

Les clubs de foot les plus riches devraient avoir un handicap d'un ou deux buts quand ils rencontrent les clubs de foot une ou deux fois moins riches qu'eux.

Dans la même journée, croise trois jeunes femmes qui, au téléphone, disent : « Il me casse les couilles » ou peut-être : « Ils me cassent les couilles. »

Depuis la mort de mon père (1989), je ne connais plus personne qui joue aux courses.

Au Studio 28, rue Tholozé, à la séance de 16 heures, on devrait me donner une place junior et non une place senior, vu l'âge des autres spectateurs.

Cette jolie jeune fille blonde au championnat national des U11 d'Ajaccio que son père arabe encourageait en criant : « Vas-y, Jihad », ce qui m'a fait comprendre que c'était un garçon.

Le café en face de notre nouvel appartement a pour nom « Les Fistons », ce qui me rappelle que je dois téléphoner aux miens.

Premières pensées de 2019

Les ivrognes laissent de gros pourboires.

La caravane aboie, les chiens passent.

Comment rendre justice à un génie ? Personne n'en a les moyens, pas même lui.

Les progrès techniques servent d'abord la police et l'armée.

25 décembre 1989 : joyeux Noël roumain !

James Joyce ne trouvait aucun talent à Marcel Proust.

Je vais faire un posthume neuf.

Le raciste ne buvait que du vin blanc.

Je suis un boulevardier extérieur.

Rien ne contrarie un amoureux.

Jésus nous a dit d'aimer nos ennemis mais il ne nous a pas interdit de les crucifier.

Le terroriste a honte.

Le moment où on connaît plus de morts que de vivants.

L'art est insuffisant.

Les Palestiniens veulent une vie quotidienne.

Chrétiens : menacés de l'enfer depuis vingt siècles.

Sur la première édition d'*Ulysse* par Sylvia Beach (mille exemplaires), le pourcentage accordé à l'auteur irlandais était de 66 %.

Quand je pense que j'ai eu huit ans.

Ultraminoritaire (autobiographie).

Les films sont des pâtisseries qui ne font pas grossir, surtout quand on les voit à l'heure du déjeuner.

Mobutu a satisfait le besoin d'un roi chez les Congolais abandonnés par Baudouin Ier le 30 juin 1960.

Écrire au réveil, après le café et avant les cabinets.

Impressions de printemps

Pourquoi n'y a-t-il plus d'ail dans le Boursin à l'ail ?

À paraître : *Dictionnaire amoureux du Conseil constitutionnel*, par Alain Juppé.

Revoit-on en enfer les mendiants à qui on n'a pas fait l'aumône ?

Ceux qui deviennent riches, ceux qui deviennent des héros.

La misère est indémodable.

La semaine chiante : plombier et divorce.

Ces vieux bourgeois à belle sale gueule qui parlent de leur argent et de leur santé au restaurant.

Pour les amateurs de RnB féminin, retours tant attendus de Kenza Farah (*Au clair de ma plume*), Nadiya (*Odyssée*) et Sheryfa Luna (*Égoïste*).

Actualités

Le grand débat n'a pas fait de petits.

Les terroristes blancs d'extrême droite d'Auckland avaient-ils lu en traduction les livres des intellectuels islamophobes français ?

Didier Deschamps mécontent du football français joué, en championnat, par des étrangers.

Au festival du film russe (Paris, 11 au 18 mars), projection au Balzac à 11 heures du matin du *Communiste* de Youri Raïzan (1958). Une trentaine de spectateurs, surtout des hommes seuls. Russes ou communistes ?

Au foot, les erreurs d'arbitrage du VAR confirment celles de l'arbitre.

L'Ukraine a donné les deux plus grands auteurs du monde, Nicolas Gogol et Mikhaïl Boulgakov, mais ils écrivaient en russe.

Boeing continue de produire des 737 Max pour les voyageurs suicidaires.

Aux Anglais, le Brexit coûtera moins cher que le Blitz (1940), même sans accord avec l'Union européenne.

Pourquoi *La Petite Fille au tambour*, le film de George Roy Hill (1984) d'après le roman de John Le Carré (1983), avec Diane Keaton en gauchiste british et Sami Frey en combattant palestinien, est-il introuvable ?

Écrit monégasque

Et si l'inconscient, comme Dieu, n'existait pas ?

La charité à Monaco : des cœurs d'or.

Jean Freustié (1914-1983) : romans d'avant l'autoroute.

Gilles (1939) : seules descriptions, celles des sentiments.

Féministe, Drieu la Rochelle appelle une femme athlète une athlétesse.

La vieillesse tache les visages comme une nappe.

Les gens qui se plaignent quand leur téléphone sonne et qui s'empressent de répondre (Christian, Catherine).

On se souvient de tous ses voyages à Berlin.

Gide et Montherlant auraient-ils stocké des images pédopornographiques dans leur ordinateur ?

Le diariste pendant un dîner : on lit sur son visage un peu anxieux qu'il cherche à ne rien oublier des propos de table.

L'enfer des fêtes d'enfer.

Le snobisme des enfants, l'infantilisme des snobs.

Le nom de l'unique spectateur au théâtre de l'Œuvre le samedi 10 juin 1944 et qui fut remboursé ?

Dans l'entre-deux-guerres, la pornographie était vivante.

À Monaco, aucun mendiant, sauf quelques filles.

Steak et whisky chaque matin au petit déjeuner : la méthode Hemingway pour mourir à soixante et un ans.

Tête brûlée sur un dos large.

En 2018, soixante-dix demandeurs d'emploi monégasques.

Un vide-greniers avenue Princesse-Grace ?

Monaco, cité des riches ? Il y a un Darty (4/6, avenue Albert-Ier).

Bibliothèque Nucéra de Nice : à Nimier, rien que Marie.

Après la Marée de Moscou, celle de Monaco. Même propriétaire tunisien : Mehdi Douss. Le restaurant se trouve avenue d'Ostende. Triple vue sur Moneghetti, le Rocher et notre assiette bien garnie de poissons subtils.

Ici, les chauffeurs de bus disent bonjour *et* au revoir.

Montherlant, à propos d'un sprinter : « Il est vite » (*Mais aimons-nous ceux que nous aimons ?*, 1973).

Quel dernier livre lirai-je juste avant ma mort ?

Trois mille hommes dans un bateau

Être sur mer ou dans les airs : deux aberrations.

250 euros d'amende, sur le *MSC Fantasia*, pour quiconque est surpris à fumer ou à vapoter en dehors de l'unique zone fumeurs.

Sur un navire de croisière, les petites filles comprennent qu'elles sont devenues grandes.

Moins de barbus qu'en ville : les croisiéristes se rasent.

À l'embarquement, je dis à Anne-Sophie en plaisantant : « On va avoir une cabine marron et vert. » J'ouvre la porte de la chambre 12204 : murs marron, moquette verte.

Le nationaliste est toujours ultra.

Qui fabrique les gilets jaunes ?

Désirable comme une animatrice télé italienne.

Un buffet à volonté coupe l'appétit.

Les black blocs, soldats d'élite.

Dilemme féminin : baignade ou brushing ?

Le principal bémol de cette croisière : le *Fantasia* est Pepsi.

Vu le nombre de passagers et de passagères en surpoids, étonnant qu'on n'ait pas encore coulé.

Les serviettes de bain orange fournies par l'équipage donnent aux alentours surpeuplés des piscines un air de Guantánamo ou de Daech.

Michael Jackson ressuscité : CRS en mode moonwalk pendant les manifestations de Gilets jaunes.

Le spectacle inouï en 2019 de trois mille personnes sans smartphone (pas de réseau).

Soirée élégance : les types en bermuda et tee-shirt pour regarder Barcelone-Liverpool (3-0) dans le Sport Bar, les filles pomponnées les attendant dans le lobby.

Lire Simenon (*Les Demoiselles de Concarneau*, 1936) devant le port de Naples qui ressemble à ses livres.

Je suis un anti-excursionniste.

Pas un euro à bord : on recharge, à l'aide de sa carte de crédit, un pass avec lequel on effectue tous les achats sur le bateau, d'où l'air embarrassé de l'homme de ménage quand je lui donne un pourboire : ne pourra rien se payer avec avant de revenir, dans cinq ou six mois, à terre.

L'Histoire est l'histoire de l'insatisfaction.

Viol d'une adolescente par un passager italien le 25 avril sur un des navires de la MSC : le violeur ressort libre du tribunal de Valence (Espagne), ayant commis son crime dans les eaux internationales.

Journal infime

Le visage haineux des clientes de magasins bio.

La Repoussée (roman).

LR, même problème que le PSG : trop méchants les uns avec les autres.

Le jour où je cesserai de confondre le Bateau-Lavoir et le château des Brouillards.

Quand a-t-on arrêté d'appeler les Arabes des Nord-Africains ?

Deux aveugles entrent dans un cinéma de Montparnasse. Leur fera-t-on une réduction ?

Roberto Saviano, main basse sur la mafia.

Dans les films, personne ne ferme les portes.

Les fous préfèrent le métro à l'autobus parce qu'ils sont fous.

Le boucher, au contraire du libraire, ne congratule pas sa viande.

Les Français apeurés.

Toutes les jeunes Chinoises ont des têtes de vieilles Chinoises.

Le temps ne passe pas, il fait autre chose.

Quand une jolie fille parle dans son iPhone, on imagine qu'elle est avec son petit ami, alors qu'elle est peut-être avec sa mère.

Chaque matin ou presque, allant prendre le bus 68, rue de Clichy, je passe devant le numéro 21 de la rue de Bruxelles, où Émile Zola est mort, asphyxié, le 29 septembre 1902.

Bonheur du lecteur : trouver un écrivain plus malheureux que lui.

Yannis (cinq ans et demi) me demande si sa pomme est bio.

Jamais vu, en cinquante ans, la station de métro Saint-Michel sans travaux.

Le chagrin est russe.

Pourquoi les footballeurs ne sortent-ils jamais avec des footballeuses ?

Ce qui sera toujours reproché à Tourgueniev : ne pas avoir été un des nombreux martyrs de la littérature de son pays.

Pensé à la rentrée

Chez Simenon, les oignons sentent bon.

Découvert, à la librairie Compagnie de la rue des Écoles (Paris 5e), qu'Irène Lindon avait réédité tous les beaux romans étranges de Tony Duvert (1945-2008).

Poète raté donne bon prosateur (Vladimir Nabokov, William Faulkner, Pierre Drieu la Rochelle, Henri Thomas).

« Arbitre enculé ! », injure homophobe ? Dans ce cas, il faut interdire tous les matchs de foot avec mesure rétroactive depuis la fondation de la Fifa (1904).

À Montmartre, manque d'escalators.

Ils font de la muscu en salle et ne portent plus leurs valises dans les gares et les aéroports.

Emmanuel Macron : sosie de Jean-Louis Trintignant dans *Le Conformiste* (Bernardo Bertolucci, 1970).

La canicule à Paris : Bangkok moins les go-go bars.

Par grosse chaleur, le chien ne peut pas enlever ses poils.

Le XXe siècle de la cigarette.

Toutes ces futures vieilles dames en colère.

La déchéance pour un écrivain : un roman sur le bonheur.

Je serai mort et je ne le saurai pas.

Le rap, école publique d'incivilité.

Madoff, Epstein, Weinstein : mêmes cons gras.

Lire *Nord* de Céline (1960), en écoutant Ferrat chanter Aragon.

Comme mon père à mon âge (soixante-trois ans), un idéal de vie : me vautrer devant la télé.

Une « Pléiade » Anouilh, pas de « Pléiade » Guitry : pourquoi ?

La disparition des starlettes.

À la gare de Nice, deux voyageurs munis d'un billet traditionnel délivré par la SNCF : un Africain et moi.

Table

Table

DU MÊME AUTEUR

Aux éditions Fayard

Un état d'esprit

Didier dénonce

La Cause du people

Défiscalisées

Saint-Sépulcre !

La Vie quotidienne de Patrick Besson sous le règne de François Mitterrand

Nostalgie de la princesse
(prix Dumarest de l'Académie française)

Belle-sœur

Le Corps d'Agnès Le Roux

1974

*Romans** : *Dara* (grand prix du roman de l'Académie française), *La Statue du commandeur*, *La Paresseuse*, *Julius et Isaac*, *Lui*

*Romans*** : *L'École des absents*, *La Maison du jeune homme seul*, *Lettre à un ami perdu* (prix Del Duca), *Les Braban* (prix Renaudot, prix Populiste), *Accessible à certaine mélancolie*

*Romans**** : *Les Petits Maux d'amour*, *Je sais des histoires*, *Vous n'auriez pas vu ma chaîne en or ?*, *Les Voyageurs du Trocadéro*, *Ah ! Berlin*, *Haldred*, *Le Dîner de filles*

Mais le fleuve tuera l'homme blanc

Le Plateau télé

Au point

Contre les calomniateurs de la Serbie
Puta madre
Avons-nous lu ?
Premières séances
Mes vieux papiers
L'Indulgence du soleil et de l'automne
Science politique

Aux éditions Mille et Une Nuits

Le Sexe fiable
Solderie
Encore que
La Femme riche
L'Orgie échevelée
Zodiaque amoureux
Marilyn Monroe n'est pas morte
La Titanic
Et la nuit seule entendit leurs paroles
Les Années Isabelle
Le Viol de Mike Tyson
Come Baby (prix Duménil)
Nouvelle Galerie
Pense-bête suivi de *Sorties*

Aux éditions Gallimard

Déplacements

Sarkozy à Sainte-Hélène

Aux éditions Grasset

La Science du baiser

Les Frères de la consolation

Le Deuxième Couteau

La Présidentielle

Cap Kalafatis

Abîmes, fredaines et soucis

Le Milieu de terrain (prix Antoine Blondin)

Aux éditions Bartillat

28, boulevard Aristide-Briand

Tour Jade

Les Jours intimes

Aux éditions de l'Âge d'homme

Sonnet pour Florence Rey et autres textes

Aux éditions Stock

Dis-moi pourquoi

Tout le pouvoir aux soviets

Aux éditions Plon

Ne mets pas de glace sur un cœur vide

Aux éditions Le Temps des cerises

L'Argent du Parti
Le Hussard rouge

Aux éditions du Rocher

La Boum (avec Danièle Thompson)
Pas trop près de l'écran (avec Éric Neuhoff)
La Mémoire de Clara

Aux éditions Cavatines

Ma rentrée littéraire

DANS LA MÊME COLLECTION

Mais qui sont les assassins de l'école ?, Carole Barjon
Ne dénaturez pas les animaux, François Xavier Testu
Je m'évade, je m'explique, Charles Consigny
Le Che, à mort, Marcela Iacub
N'ayez pas peur de la Chine, Philippe Barret
En finir avec l'ironie ?, Didier Pourquery
Le français malmené, et alors ?, Jean-Loup Chiflet

Mauvais esprit
Robert Laffont

La photocomposition de cet ouvrage
a été réalisée par
GRAPHIC HAINAUT
30, rue Pierre Mathieu
59410 Anzin

FSC
www.fsc.org
MIXTE
Papier issu de
sources responsables
FSC® C003309

L'Éditeur de cet ouvrage s'engage
pour la préservation de l'environnement
et utilise du papier issu de forêts gérées de manière responsable.

Imprimé en France par CPI
en mars 2020

N° d'édition : 57009/01
N° d'impression : 157345